RAMÓN LÓPEZ VELARDE

colección andanzas

JOSÉ EMILIO PACHECO
RAMÓN LÓPEZ VELARDE
La lumbre inmóvil

Selección y epílogo
de Marco Antonio Campos

Selección y epílogo: Marco Antonio Campos
Colección: Andanzas
Diseño de la colección: Guillemont-Navares
Fotografía del autor: © Rogelio Cuéllar Ramírez

Bajo el sello editorial TUSQUETS M.R.
Avenida Presidente Masarik núm. 111,
Piso 2, Polanco V Sección, Miguel Hidalgo
C.P. 11560, Ciudad de México
www.planetadelibros.com.mx

Primera edición en formato epub: marzo de 2025
ISBN: 978-607-39-2489-4

Primera edición impresa en México: marzo de 2025
ISBN: 978-607-39-2248-7

Impreso en los talleres de Corporación en Servicios
Integrales de Asesoría Profesional, S.A. de C.V.,
Calle E # 6, Parque Industrial
Puebla 2000, C.P. 72225, Puebla, Pue.
Impreso y hecho en México / *Printed in Mexico*

Índice

Para Armando Ponce

Ramón López Velarde y la posesión por pérdida

Ramón López Velarde nació en Jerez, Zacatecas, el 15 de junio de 1888, el mismo año en que Rubén Darío publicó *Azul*. Como Manuel Gutiérrez Nájera, murió antes de cumplir cuarenta años y nunca salió del país. Empezó a escribir cuando estudiaba humanidades en el Seminario de Aguascalientes. En 1906 fundó la revista *Bohemio* con Enrique Fernández Ledesma, Pedro de Alba y otros amigos. Fue a estudiar Derecho a San Luis Potosí. Descubrió a Francisco González León y Leopoldo Lugones, quienes le ayudaron a encontrar su propia voz en las páginas que formarán *La sangre devota*. En esta ciudad conoció a Francisco I. Madero y tuvo simpatía por sus ideas. Sin embargo, la violencia de la Revolución y su temperamento ortodoxo propiciaron en López Velarde una actitud de recelo.

En 1911 recibió su título profesional. El Partido Católico lanzó su candidatura a diputado suplente por Jerez. Pasó algunos meses en la Ciudad de México. En *El Regional* (Guadalajara) y *La Nación* escribió la *Prosa política*, recopilada en 1953 por Elena Molina Ortega, que se interrumpe poco antes de la Decena Trágica. En 1914 se estableció con su familia en la capital. Tuvo un despacho de abogado en Madero número 1, donde hoy se levanta la Torre Latinoamericana. Colaboró en *Revista de Revistas*, *El Universal Ilustrado* y *México Moderno* con prosas que intentaron ser nada más crónicas, pero que forman parte de su poesía: *El minutero* y *El don de febrero*. Dirigió con Enrique González Martínez y Efrén Rebolledo la revista *Pegaso*. Dio clases de literatura en la Escuela de Altos Estudios (hoy Facultad de Filosofía y Letras) y fue secretario de Manuel Aguirre Berlanga, ministro de Gobernación.

Al año siguiente de que López Velarde dedicó *La sangre devota* «a los espíritus de Gutiérrez Nájera y Othón», murió en el Valle de México su primer amor: Josefa de los Ríos, «Fuensanta» (1880-1917). Entonces cortejó a Margarita Quijano (1878-1975), quien es la protagonista de *Zozobra* y del enigma de amor más intenso de la poesía mexicana. La frustración de esta idolatría engendró sus mejores poemas y lo llevó a aferrarse de nuevo no ya a Fuensanta sino a su recuerdo espectral. Cuando acababa de cumplir treinta y tres años murió asfixiado de neumonía y pleuresía a raíz de un paseo nocturno por las calles de México.

López Velarde cierra el modernismo mexicano. Al mismo tiempo que José Juan Tablada lo convierte en modernidad, piedra de fundación de nuestra poesía contemporánea. Sólo el concepto que identifica al modernismo con una de sus maneras, la de Darío en *Prosas profanas* (1896), ha hecho que no se considere modernista a López Velarde y se prive a esta corriente renovadora del mayor poeta que tuvo entre nosotros. Las influencias que le sirvieron para despertar su originalidad son tan modernistas como sus gustos y sus afinidades. En todo caso, se parece más a los escritores del novecientos que a los vanguardistas de los veinte. Ellos abandonan la rima, elemento esencial en López Velarde y en Lugones. La amplitud de su visión y la actualidad de muchas imágenes le dan un sitio único en la galería de soledades que fue el modernismo.

Si Julio Ruelas pudo haber ilustrado «El sueño de los guantes negros», en cambio «los gatos que erizan el ruido / y forjan una patria espeluznante» se inscriben en otro ámbito que nada tiene que ver con la *Revista Moderna* y que obedece a «la pauta de la última estética, libre de los absolutismos de la perfección exterior».

Es un poeta de tal complejidad que necesitaría de una exégesis verso a verso como la que se ha hecho con Luis de Góngora. López Velarde presenta una pluralidad de alusiones, reticencias, elipsis, sobreentendidos y significados subtextuales como no hay en ninguno de sus antecesores mexicanos. El conflicto básico es semejante al de Nervo («nuestra única grandeza moral consiste en la pugna que nos roe las entrañas») pero sus dones poéticos son mayores y añade a su sabiduría verbal cuanto lograron quienes lo precedieron. Con la pugna entre carne y espíritu aquéllos hicieron casi siempre retórica; López Velarde hizo casi siempre poesía.

Con López Velarde el poeta abandona sus máscaras sucesivas: orador, consejero, padre de la Patria, dandi, mártir atormentado por la sociedad, y se convierte en el hombre de la calle, en el paseante de la avenida Madero, en el conversador que da a la lengua cotidiana la electricidad del modernismo, «la moral de la simetría». Es contemporáneo de sus contemporáneos: Franz Kafka, T. S. Eliot, César Vallejo. Jules Laforgue y su bufonería dolorida lo aproximan al joven Eliot; su desolación lo relaciona con el primer Vallejo; su aversión a la vida familiar («taller de sufrimiento, fuente de desgracia, vivero de infortunio»); su horror ante la posibilidad de engendrar un hijo es semejante a la actitud de Kafka.

Existe en la zozobra, oscila sin hundirse, dividido entre el falso edén de la vida provinciana durante el Porfiriato y el porvenir sin rostro del que nada teme tanto como la progresiva angloamericanización de México; entre la sexualidad, que en el siglo XVI los españoles identificaron con el mundo árabe para condenarla, y «la sangrienta flor del cristianismo»; entre la cara de la Virgen y el cuerpo de una tiple del Teatro Lírico. Su liturgia es la veneración del amor físico y metafísico; su remordimiento, la conciencia católica que diaboliza el mundo y la carne; su horror, la fugacidad de la vida y la corrupción final de nuestros cuerpos. Se juega todo a una sola carta, el poema, que se nutre de la experiencia vivida por alguien tan débil y tan torpe como nosotros, pero que escribe con la intuición más honda y el raciocinio crítico más despierto, con ingenuidad y habilidad, «con la ignorancia de la nieve / y la sabiduría del jacinto».

López Velarde no pudo conocer la teoría freudiana sobre la sexualidad infantil y amó en Fuensanta la niñez perdida, «el sueño de la inocencia». Jerez y Fuensanta cifran un mundo de fantasía anterior a su encuentro con el verdadero mundo y con el tiempo de «la primera amargura». Nadie sabe en verdad lo que fue su infancia porque sólo se tiene conciencia de ella desde la vida adulta. La niñez de López Velarde queda inmutable, inmune al cambio y a la degradación. No ha muerto, sólo ha dejado de existir para disolverse en él mismo.

Fuensanta y el pueblo (y por extensión la provincia) son las metáforas de la Madre y de la Virgen. Para que el mito interno siga en pie ha de preservarse la virginidad de Fuensanta. Como el tiempo no puede detenerse, en el momento de *La sangre devota* la virgen de Jerez se ha convertido en un prototipo cruel: en la solterona de la colonia Roma. *Zozobra* (1919) fluctúa entre Fuensanta y Margarita, entre el niño de un Jerez en perpetua cuaresma y el paseante de la avenida Madero, entre «el edén subvertido» por la Revolución y la capital con sus «flores de pecado»: las cortesanas que pasean en carretela y las humildes prostitutas de Cuauhtemotzin. Contiene cuarenta poemas escritos entre 1916 y 1919, desde los veintisiete hasta los treinta y un años. Al ordenarlo en forma no cronológica, López Velarde quiso que se iniciara con la agonía de Fuensanta («Hoy como nunca…»), tuviera su centro en los poemas dedicados a Margarita –ciclo que comienza en «Transmútase mi alma…», «Que sea para bien…», «La mancha de púrpura», y culmina en «La lágrima…»– y concluyera en el punto de partida: «Humildemente…», el poema del regreso a Jerez que consagra «A mi madre y a mis hermanas».

La resonancia casi unánime que ha tenido su obra y el magnetismo que atrae las admiraciones más contradictorias sólo resultan explicables por el hecho de que alcanzó a poetizar algo que está en nosotros, y lo hizo con una mezcla de misterio y exactitud que se transforma en una nueva belleza. La muerte, que en la cultura sajona se representa con figura de hombre («Mister Death»), en el catolicismo y en las religiones autóctonas es, y no puede ser de otra manera, una deidad femenina. Como las calaveras omnipresentes lo mismo en las iglesias españolas que en el centro ceremonial de Tenochtitlan, la muerte recorre toda la poesía de López Velarde. A semejanza de la Virgen que fue nuestro catecismo, la muerte es también Nuestra Señora. El primer abrazo y el último se confunden: la amada de López Velarde asume finalmente los rasgos de la muerte, el ritual del amor cobra sentido porque es celebrado al borde de un abismo.

López Velarde vive cada momento con una «intensidad incisiva», en la pasión por la Mujer que es todas las mujeres y también el alma del mundo y la *donna angelicata.* El mito de la Caída es la verdad del Tiempo. Hundidos en él, separados por el sufrimiento, los amantes esperarán en la tumba el día de la tormenta final, el dogma de la resurrección de la carne. Sólo en ese otro mundo podrán unirse. En las dos grandes ocasiones de su vida López Velarde no materializó su pasión. La espada de castidad volvió a interponerse entre Tristán e Isolda. La amada –participio pasivo– no se convirtió en la amante –participio activo–, quizá por miedo a destruir su aura ambigua y atentar contra la pasión original bajo los estragos de la domesticidad y la fecundidad. Ramón López Velarde encarnó así lo que en *Amor y Occidente* Denis de Rougemont ha llamado «la posesión por pérdida», que es el núcleo secreto de su poesía.

En los cincuenta años de «La suave Patria»

Hoy se cumple el cincuentenario de «La suave Patria». Ramón López Velarde fechó el manuscrito «24 abril, 1921», dos meses antes de su muerte. Fue el último poema que alcanzó a ver impreso. Apareció en el número de junio de *El Maestro*, la revista de José Vasconcelos, dirigida por Enrique Monteverde y Agustín Loera y Chávez. Tiraba sesenta mil ejemplares que se distribuían gratis en las escuelas mexicanas e hispanoamericanas. Esta circunstancia ayuda a explicar la celebridad inmediata de «La suave Patria» y su conversión en una especie de segundo Himno Nacional que oscureció para el gran público la obra restante de López Velarde.

Ni la Independencia ni la Reforma ni la Revolución produjeron una épica que las celebrara. *Los de abajo*, *El águila y la serpiente* y *La sombra del caudillo* nacen del desencanto y son una crítica de la violencia. Es natural que se haya intentado hacer de «La suave Patria» el poema épico que le faltó al movimiento revolucionario.

López Velarde no tuvo esta ambición: quiso al mismo tiempo conmemorar el primer siglo del México independiente (1821), lamentar el cuarto centenario de la caída de Tenochtitlan (1521) y, sobre todo, poetizar sus diarias sensaciones y reflexiones sobre la realidad íntima, no histórica ni política, del país, como dijo en una prosa, «Novedad de la Patria», borrador teórico del poema. Gracias a una crónica de José Natividad Rosales en *Siempre!*, ahora sabemos que fue escrito a lo largo de dos años mediante un proceso casi novelístico.

❧

«La suave Patria» consta de ciento cincuenta y tres endecasílabos: dieciocho corresponden al proemio, cincuenta y seis al primer acto, cincuenta y nueve al segundo y veinte al intermedio. Sólo un verso alude a la Revolución y lo hace de manera indirecta al referirse «al hambre y al obús». Esto no es sorprendente: cuando murió López Velarde apenas se iniciaba la llamada «etapa constructiva»; del enorme incendio que transformó a México el poeta no alcanzó a ver sino la llamarada: la guerra civil entre las facciones que se disputaban el poder. Alguien que pretendiera pasarse de listo podría leer la alusión al «correo chuan / que remaba la Mancha con fusiles» como reacción y anhelo de alejarse pues, ya se sabe, los chuanes fueron los campesinos monárquicos de La Vendée que lucharon contra el gobierno revolucionario francés.

A pesar de todo, la «doctrina política» (como se decía entonces) del poema no podría haber existido sin la Revolución: López Velarde propone el regreso a la tierra, a nuestra tierra, la de un país pobre «vestido de percal y de abalorio», materiales humildes. México no es el cuerno de la abundancia descrito por Humboldt y vendido a los inversionistas extranjeros por la ciencia ficción, la ficción *científica* del Porfiriato. López Velarde protesta de manera oblicua y sutil contra la anglosajonización de México que ya está matando su «ánima» y su «estilo». Da a la Patria el consejo, impracticable ante el desarrollo de las fuerzas productivas, de ser «siempre igual, fiel a tu espejo diario». Quiere que siga siendo un país agrícola y no acepte una industrialización que en última instancia sólo beneficiará al gran dinero que se maneja desde Wall Street y que codicia, si es que no posee, los diabólicos «veneros de petróleo».

Tal vez la fe de Virgilio en los trabajos del campo sea el sentido de la mención a «la carreta alegórica de paja», situada como «un trono / a la intemperie». Algunos de sus artículos hablan de estas preocupaciones: «La avenida Madero», «La conquista», «La fealdad conquistadora». La intención bucólica hizo sonreír a quienes en 1946 celebraron los primeros veinticinco años del poema. En 1971 el desengaño del progreso y la impugnación a la sociedad industrial le dan un nuevo sentido. Frente a la guerra de Vietnam, parece mejor cultivar arroz a orillas del Mekong que producir napalm en Chicago.

Sólo aquellas partes del territorio nacional que conocieron sus sentidos –Zacatecas, Aguascalientes, San Luis Potosí y la Ciudad de México– constituyen la Patria, la íntima Patria de López Velarde. No habla de lo que no ha vivido: permanece voluntariamente sordo, ciego y mudo ante el México de los mares y de los grandes ríos. Pero en la zona espiritual colonizada por él domina la presencia de las mujeres. Escuchamos sus risas y sus gritos, las vemos transformarse en tiempo, encarnar el tiempo y pasearse en carretela por la avenida Madero, asistir a fuegos de artificio, atravesar la página «como hadas,/o destilando un invisible alcohol»; hacen que el lugar se llene con el aroma de su ropa nueva, crean en las ferias «la lujuria y el ritmo de las horas».

La relación con la Patria es más erótica que filial. López Velarde le habla como si ella fuera una muchacha que tiene «mirada de mestiza», capaz de poner «la inmensidad sobre los corazones», cabello rubio (el maíz que nos alimenta y a la vez torna en desierto la tierra que lo nutre). Es pobre en su miseria colorida y sonora, deja probar su lengua de amor a los tristes y a los felices, asoma por la reja en una cauta invitación al rapto, tiene en fin «frescura de rebozo y de tinaja» y «carnosos labios de rompope».

Un anhelo nupcial estremece el poema: el deseo de las bodas que su autor no pudo consumar y que sólo se cumplirán cuando su esqueleto se una al «cadáver hecho poma» de Fuensanta, a quien el poeta sepultó cuatro años atrás, en 1917. La estrofa más intensa de «La suave Patria» es aquélla en que López Velarde parece hablar de la muerte de Fuensanta y de su propia muerte. (La idea de la unión de ultratumba está desarrollada en el poema póstumo «El sueño de los guantes negros»).

❧

El catolicismo de López Velarde se manifiesta en por lo menos siete alusiones: el Niño Dios, el «pan bendito», la higuera de san Felipe de Jesús, «la cuaresma opaca», la «respiración azul de incienso», las palmas del Domingo de Ramos, «el ave taladrada en el hilo del rosario». Su integridad se demuestra en el hecho de que el único héroe al que considera «a la altura del arte» es Cuauhtémoc, en vez de loar al general Álvaro Obregón, todopoderoso del momento. El conjunto de versos que le dedica son un prodigio de laconismo y concentración. Para describir la caída de los aztecas emplea imágenes como «el sollozar de tus mitologías» y «los ídolos a nado», que ya no pertenecen al modernismo, sino a la lírica contemporánea.

Si en un instante de torpeza se había dejado decir «el harapo que algunos llaman raza indígena», en el poema se solidariza con el último tlatoani, ve la victoria de Cuauhtémoc en su misma derrota y su tormento, asume la condición del mestizo al marcar su distancia respecto a los hispanistas y al referirse al castellano como el «idioma del blanco».

López Velarde no se propuso sino escribir un poema lírico en un plano que no era el suyo. Habló «a la manera del tenor que imita / la gutural modulación del bajo». Logra ser íntimo y no épico. Pero su intuición lo hizo expresar en pocas palabras nociones que requerirían volúmenes enteros para dilucidarse por medios no poéticos: «Como la sota moza, Patria mía, / en piso de metal, vives al día, / de milagro, como la lotería».

❧

Ha pasado ya medio siglo. Hoy como entonces vivimos al día y de milagro. Pero el escenario de «La suave Patria» ya no existe. El poema nos sigue fascinando y aún nos parece de excepcional valor artístico porque representa la fantasmagoría de lo que no vivimos, de lo que no podemos recordar: el homenaje a lo inmemorable mediante lo pasado de moda, hubiera dicho Walter Benjamin.

«La suave Patria» no inicia una tradición de poesía nacionalista: cierra con el brillo cegador de un sol poniente la gran aventura del modernismo. Ramón López Velarde se despoja de su experiencia para contemplarla bajo la luz intolerable de la melancolía: se despide de un México que fue suyo y que se borra y se pierde para siempre.

Nota sobre una enemistad literaria: Reyes y López Velarde

Ramón López Velarde (1888-1921) y Alfonso Reyes (1889-1959) pertenecen a la generación de los que tuvieron veinte años en 1910, la generación del Ateneo de la Juventud al que no se incorporó López Velarde. A simple vista, la cronología es el único lazo entre dos escritores a quienes separaba en primer término su clase social: el primero nació en una modesta familia de Jerez. En cambio, Bernardo Reyes fue de 1899 a 1909 el segundo hombre más poderoso del país, al punto de que muchos lo vieron como probable sucesor de Porfirio Díaz. Su hijo Alfonso resultó un producto de la Escuela Nacional Preparatoria en la última fase positivista, cuando los estudiantes reaccionaron contra las enseñanzas de su fundador, Gabino Barreda, y su rebeldía intelectual contribuyó a minar las bases ideológicas del Porfiriato.

López Velarde estuvo por vez primera en la Ciudad de México entre junio de 1912 y enero de 1913. No hay testimonio de un encuentro con Reyes. Desde su adolescencia Reyes mostró la seguridad del escritor nato y una información cultural que sólo pudo adquirirse en las condiciones más privilegiadas. Para entonces ya había dado un asombroso libro juvenil, *Cuestiones estéticas* (París, 1911). López Velarde tuvo un aprendizaje más lento: la *Prosa política* (edición de Elena Molina Ortega, 1953), publicada durante aquellos meses en el diario católico *La Nación*, no es digna de lo que escribirá a partir de 1915.

❧

Un hecho crucial para Reyes fue la muerte de su padre, el 9 de febrero de 1913. La Decena Trágica, los días en que la capital fue devastada por la rebelión del ejército porfiriano –cuartelazo que en sus primeros momentos encabezó el propio general Reyes, antes de caer frente al Palacio Nacional– y los asesinatos del presidente Madero, su hermano Gustavo y el vicepresidente Pino Suárez también provocaron en López Velarde horror a la violencia y lo hicieron alejarse de la capital.

En 1914 Reyes se estableció en Madrid. Su trabajo literario y periodístico aumentó el prestigio adquirido casi en su adolescencia. *El plano oblicuo* (1920), un libro de cuentos y diálogos, fue reseñado por López Velarde, que ya era el autor de *La sangre devota* (1916) y de *Zozobra* (1919), en el número 5 de *México Moderno* (diciembre de 1920). La reseña inició lo que sólo podemos definir como «una enemistad literaria» y, si alabó las virtudes aceptadas de Reyes, también insinuó algunos cargos que desarrollarían después sus malquerientes:

En el grupo de nuestros buenos prosistas –[José Juan] Tablada, [Rafael] López, [Francisco] Orozco Muñoz, [Julio] Torri, para no citar otros–, Alfonso Reyes representa lo que pudiéramos llamar el parpadeo fosfórico del estilo.

Su prosa es fosfórica en el sentido de la titilación cerebral y en el sentido de la emoción, porque aun ésta se tiñe de colores intelectuales, casi siempre graciosos.

Mucho se ha hablado de las capacidades para la prosa en relación con la vocación para la poesía. Lo cierto es que no se puede suscribir una regla terminante. Si hemos tenido grandes poetas aptos para la prosa (Díaz Mirón, por ejemplo), en otros no ocurre igual.

Lo que sí parece comprobarse es que cuando el poeta sobresale por su disciplina netamente artística, su prosa descuella. Tal es el caso de Reyes, por más que lo prefiramos, en definitiva, fuera de la lírica.

Ni qué decir que su personalidad rebasa los límites de una nota volandera.

Para la joven generación es Alfonso Reyes un modelo de perspicacia, de ondulación, de seso y de lectura. Quizá con demasiada experiencia de los libros, en cuanto que ciertas fragancias juveniles se hallan amortiguadas en él.

El volumen a que nos referimos hoy, compuesto de prosas de años muy anteriores, exhibe, como sus libros más recientes, ese donaire intelectivo a que aludíamos al principio, donaire tan vigoroso que se resuelve, a veces, en guarismos de razón pura.

Esta manera de desencarnar los tipos y las situaciones, extrayéndoles su ideología espectral y haciendo que la pasión misma se desenlace en muecas de filósofo, es una de las operaciones principales que ejecuta Reyes, y la señal primera y concluyente de su fuerza.

También es su riesgo... Felizmente, el autor de *Cuestiones estéticas* atesora fibras vitales, malicia y numen que lo librarán de despistarse en vías discursivas.

Estamos seguros de que seguirá dándonos, como hasta aquí, el esqueleto de la idea y la emoción palpable, la vitrina en que sueñan las materias grises y el tallo en que respiran los cinco sentidos.

Nos lo fían así su virtud humana y su travesura, que no cesa de pestañear.

Nadie nos dice lo que quisiéramos oír de la manera en que nos gustaría escucharlo. Acaso Reyes hubiera cambiado todos los legítimos elogios a su prosa por el reconocimiento que siempre anheló como poeta. Hombre generoso, exento de esa envidia que es la enfermedad profesional de los escritores, a pesar de todo Reyes no parece haberse consolado jamás de que López Velarde y no él fuera el gran poeta de la generación de 1910. Paralelamente, a juzgar por su reseña, el autor de *Zozobra* debe de haber resentido la destreza incomparable de Reyes en un terreno que él también frecuentaba.

«Venganza literaria» llamó Reyes a una fantasía ensayística de 1926, no recogida hasta *Árbol de pólvora* (1953). Ignoramos el código en que está el texto. Sin embargo, por sus rasgos caricaturescamente lopezvelardeanos («poetas de campanario», «faldas de percal», «virtudes aldeanas», «incienso de la parroquia», etcétera), podemos interpretarlo como el vaso que contiene la «venganza» del título:

> Aquí salió cantando en falsete nuestro Apollinaire, que si no le daban caviar todas las noches, como a los viajeros mimados de la Holland America Line, era capaz de hacer esto y lo otro. Yo, que sentía la necesidad de crear absurdos, lo alcancé por el cuello, lo enjerté en los poetas de campanario, y me puse a cosechar, en mi nuevo árbol evolutivo, primaveras almidonadas en faldas de percal y servilletas duras como cartones, del tiempo de don Simón.
>
> Así, así me las pagarán todos ésos del Ángelus, ésos del Toque de Queda, ésos de las muchachas de la retreta, ésos de las virtudes aldeanas, ésos del incienso de la parroquia, ésos de las tardes de la granja, las veladas de la quinta y hasta don Catrín el Calavera: poetas pepitos, poetas rotos para decirlo a la mexicana. Traen raídos los traseros del alma y lo andan tapando como pueden, y dicen que es por meditabundos y por pasear manos a la espalda.
>
> Y los dejé convertidos en papel de moscas, olor de sinsín, aguaflorida barata, mucílago y panal de América en dulzor de pegajosas pepitorias. ¡Fuchi!

Trece años después (1939), en una memoria de sus años juveniles que da título al libro *Pasado inmediato* (1941) y que fue escrita «para la sesión conmemorativa del Primer Congreso Nacional de Estudiantes reunidos en México el año de 1910», Reyes dedica seis escuetas palabras a López Velarde: «Estrella fugaz en nuestro cielo poético».

Menos reticente es el artículo del mismo volumen «De poesía hispanoamericana», parte de una serie que dedicó *The Nation* de Nueva York «a ofrecer un panorama de conjunto». La naturaleza casi telegráfica de estos trabajos milita contra la acusación de mala fe por parte de Reyes:

> El argentino Fernández Moreno (1886-1950), poeta de lo cotidiano, puede acercarse a los criollistas, al uruguayo Fernán Silva Valdés (1887) y al mexicano Ramón López Velarde [...]. Éste, en quien se descubren rastros de Lugones y de Francis Jammes, arte aldeano y arte complicado, y en quien hoy la joven crítica busca muchos secretos, conquistó la fama de una sola vez con una sola poesía: «La suave Patria».

En la *Revista Mexicana de Cultura*, suplemento de *El Nacional* (n. 225, 22 de julio de 1951) Reyes publicó «Croquis en papel de fumar», incorporado a la primera serie de *Marginalia* (1952), único texto que consagró sólo a fijar su posición ante López Velarde. Es tan sutil como la reseña de *El plano oblicuo*, pero la delicada agresividad se halla presente desde las primeras líneas. Reyes no oculta su intención de «fumarse», de reducir no tanto a cenizas como a lo que consideraba su justa proporción, la fama póstuma de su contemporáneo:

> La persona física y moral de López Velarde ha dejado una impresión de blancura. En su persona poética hay mucho que explorar. Desentendámonos de influencias: el inevitable *Lunario sentimental* y, creo yo, la *Antología francesa* moderna de [Enrique] Díez-Canedo y [Fernando] Fortún. Desentendámonos de minuciosas técnicas: conceptismo y gongorismo espontáneos y también cultivados, barroco de la Nueva España o como se llame, etcétera. Si nos atenemos al saldo, resaltan tres notas principales, concertadas por el solo hecho de coexistir; que aquí nunca fueron felices los intentos de sistematización racional. El ser es mucho más que razón, y no hay confesión más amplia del ser que la poesía.
>
> Tales notas o aspectos son, brevemente enumerados, el agua corriente, el cristal del agua congelada y el rumor del agua subterránea.
>
> *El agua corriente.* Nitidez, candor, religión de devocionario, música popular, feria, provincia, sentimientos elementales, rubores y armonías coloristas, costumbrismo en azul y en rosa. Pienso en un Aduanero Rousseau (chaqué y ramo de flores), en un Francis Jammes muy mexicano:
>
> Mi madrina invitaba a mi prima Águeda
> a que pasara el día con nosotros…
>
> En la referencia familiar, todo el terruño; en la referencia al hábito de «pasar el día», toda la aldeana lentitud, tiempo remansado en lago, presente durable.

El agua en cristal. Estabilidad, equilibrio, escultura y esmalte, casi parnasianos; un decir justo, que se inmoviliza en la meta:

Patria, tu superficie es el maíz;
tus minas, el palacio del Rey de Oros,
y tu cielo, las garzas en desliz
y el relámpago verde de los loros.

O bien la exactitud, el laconismo clásico ya intocable:

Joven abuelo: escúchame loarte,
único héroe a la altura del arte.

El agua profunda. Algo del «nuevo calofrío» que Hugo halló en Baudelaire. Voz patética, sensualidad y miedo, simbolismo más o menos consciente, sonambulismo «suprarrealista» *avant la lettre.* Se oye un hondo ruido de *catavotro*:

… Voy bebiendo una copa de espanto…

… Hermana:
dame todas las lágrimas del mar...

… Lágrima mía, en ti me encerraría,
debajo de un deleite sepulcral,
como un vigía
en su salobre y mórbido fanal…

… Un encono de hormigas en mis venas voraces...

... Tu boca, en que la lengua vibra asomada al mundo
como réproba llama saliéndose de un horno...

... Tardes en que, oxidada
la voluntad, me siento
acólito del alcanfor,
un poco pez espada
y un poco san Isidro Labrador...

La complejidad, la trama de estos motivos se establece, desde luego, merced a recursos de cultura; pero, sobre todo, de sensibilidad. El fruto de nuestra América hereda, sin querer saberlo ni detenerse a analizarlo, la savia de muchas tradiciones.

Véase cómo puede brotar la imagen, cómo la cabal expresión, de un vago recuerdo infantil: en Jerez perduró de algún modo el prehistórico matrimonio de rapto. El padre nunca daba a la hija, que tanto fuera confesar su ineptitud para mantenerla, grave desdoro. El novio comenzaba por arrebatarla, a reserva de sellar las paces ante los hechos consumados. Hasta hace poco, las novias se salían de su casa y se refugiaban junto a alguna familia amiga antes de las nupcias. Los parientes no asistían a la iglesia, y ellas se casaban llorando. (¿No ha recordado el poeta, por ahí, el pañuelo de lágrimas, indispensable en las bodas?) La reconciliación, a los pocos días, lo arreglaba todo. En la mente de López Velarde se agitan estas visiones, mezcladas con las mitologías del valiente y del bandido enamorado, tema de los «corridos». La patria se le vuelve mujer. La quiere con apetito, con dolor y con sangre. Y ¿qué le dice?:

… Quiero raptarte en la cuaresma opaca,
sobre un garañón, y con matraca,
y entre los tiros de la policía.

Vida corta. ¿Malograda? Hay también una Providencia poética. Tal vez haya destinos a los que conviene la indecisión, el acre sabor de la juventud. Tal vez…

❧

¿Es falta de respeto traer a cuento estas pequeñeces, sepultadas por nuestra discreta historia literaria? No hay razón para silenciar en público lo que se discute en privado. Esta enemistad sin virulencia se vuelve un rasgo humanizador: impide que Reyes y López Velarde se conviertan en estatuas de mármol en vez de ser las figuras vivas, actuantes y polémicas que para nuestro beneficio literario necesitamos ver en ellos.

Ha pasado ya mucho tiempo desde la reseña de *El plano oblicuo*. Sin quererlo ni buscarlo, quienes ahora estamos vivos somos la efímera posteridad a la que toca resolver provisionalmente la querella. De modo inevitable, el juicio ha de ser salomónico: López Velarde es un gran poeta, Reyes un gran prosista. Pero en el campo literario no existen líneas rectas sino curvas y espirales. Una simplificación tan arbitraria como ésta oscurece los méritos de la prosa de *El minutero* y del verso de *Ifigenia cruel* y otros poemas admirables de Reyes.

Las paralelas llegan a encontrarse, los opuestos se vuelven complementarios en el bien común de una tradición en que los individuos se desvanecen y ya no cuenta la propiedad privada. Si Reyes y López Velarde no hubieran existido, habría que inventarlos. La ausencia de sus libros es impensable. No hay rivalidades en literatura porque nadie puede competir en serio sino consigo mismo, con las aptitudes que posea y los niveles que se fije. Nadie quiere ni puede escribir lo que escribe el otro. «Todo lo sabemos entre todos», fue el lema de Reyes. Podría agregarse: todo lo escribimos entre todos.

Un poeta de la ciudad

En un día como hoy de hace medio siglo murió Ramón López Velarde a la una y media de la madrugada. José Vasconcelos dispuso que el velorio se hiciera en la Universidad Nacional. Fue enterrado en el Panteón Francés de La Piedad. Hablaron ante su tumba Alfonso Cravioto, Enrique Fernández Ledesma y Alejandro Quijano. Estaban presentes Pedro de Alba, Rafael López, Agustín Loera y Chávez y los jóvenes Manuel Gómez Morín, Carlos Pellicer, Jaime Torres Bodet. Terminaba una época. López Velarde había muerto sin saber que era «López Velarde», la imagen de él que nos da su obra.

Esta obra sigue siendo para nosotros la lectura que realizaron de ella Xavier Villaurrutia y Octavio Paz. Sin embargo, lo que se ha escrito acerca de López Velarde es cien veces más que lo escrito por López Velarde. Una antología de textos críticos aparece en el *Calendario* que editan Alí Chumacero, Fedro Guillén, Huberto Batis, Sergio Galindo y Gustavo Sainz para el Patronato Nacional del Cincuentenario, coordinado por María del

Carmen Millán. Nos hace falta una biografía semejante a la que George D. Painter ha hecho de Marcel Proust. Nuevos datos acerca de su existencia constan en la serie «Los rostros desconocidos de López Velarde» que Guadalupe Appendini y Carmen Aguilar Zínser han publicado en *Excélsior* del 2 al 20 de febrero.

López Velarde cumplió treinta y tres años cuatro días antes de su muerte. Estaba enfermo de una bronconeumonía que contrajo al irse a pie, conversando acerca de Montaigne con un amigo, desde el Teatro Lírico hasta su casa en avenida Jalisco 71, hoy Álvaro Obregón 73, en la colonia Roma. Era un edificio de apartamentos y ahora es una vecindad en condiciones ruinosas.*

Así pues, el amor a la Ciudad de México le costó la vida a López Velarde.

Este amor, como el de Fuensanta y el de Margarita, no fue correspondido. Algunos de sus mejores poemas nacieron en caminatas por las calles, en su despacho de Madero número 1, en redacciones de periódicos, oficinas burocráticas, cantinas que todavía sobreviven, como La Ópera y La Rambla.

¿Por qué entonces en su obra apenas queda huella de la capital? López Velarde no se sobrepuso nunca al *shock* que significó su encuentro con la Ciudad de México, una ciudad que desde nuestra perspectiva de 1971 era apenas una gran aldea, pero que para quien venía

* Sobre la casa de López Velarde, ver pp. 77-80 [N. de la primera edición].

de la provincia porfiriana surgió como una Babilonia. Quizá su imagen llegó a fundirse a tal punto con las imágenes de Margarita y de Fuensanta («prisionera del Valle de México») que hizo innecesaria una alusión más directa.

López Velarde fue un *flâneur* como el que aparece en *Le spleen de Paris*, los poemas en prosa de Charles Baudelaire, «un paseante solitario y pensativo» de los que «corren a olvidarse entre la muchedumbre, temerosos sin duda de no poder soportarse a sí mismos». La colonia Santa María fue uno de sus sitios predilectos:

> [...] se asemeja a mi lugar de origen extraordinariamente. Por ello, soy su aficionado. Más de una vez me he defendido del ajetreo del centro en su remanso, que quiere ser inculto.

Amó, en fin,

> la indocta apariencia de la colonia, su fatalista descuido, su paz soñolienta. Las estrellas se acercan a nuestra cabeza; la salud del aire se bebe; tres señoritas, iguales, toman el fresco en un balcón. Creemos que en el kiosco va a sonar «Alejandra», «Fingida», «Blanca», «Poeta y campesino»...

No obstante, el núcleo de su interés fue

Plateros... San Francisco... Madero... Nombres varios para el caudal único, para el pulso único de la ciudad. No hay una de las veinticuatro horas en que la avenida no conozca mi pisada. Le soy adicto, a sabiendas de su carácter utilitario, porque racionalmente no podemos separarla de las engañosas cortesanas que la fatigan en carretela, abatiendo, con los tobillos cruzados, la virtud de los comerciantes del Bajío.

Madero, la avenida a la que un diputado censuró en la Cámara como «el vicio ambulante», fue para López Velarde «una *calle*, luego una *rue*, y hoy es una *street*». Desde 1917 leyó en sus letreros en inglés el porvenir de México y desde entonces protestó porque:

> cada día la piscina de azulejos de nuestros patios entúrbiase más con la filtración yanqui [...]. Nos ayankamos a gran prisa, bajo la acción de lo feo [...] todo acusa que la Patria pierde su ritmo esencial, su cuerda privativa [...] soporta un riesgo de exterminio.

Al hablar de Saturnino Herrán habló también de sí mismo:

> Él amó a su país; pero usando de la más real de las alegorías, puedo asentar que la amante de Herrán fue la ciudad de México, millonésima en el dolor y en el placer. Ella le dio paisaje y figura; él la acarició piedra por piedra, habitante por habitante, nube por nube.

❧

Dos de los versos más célebres de «La suave Patria» aluden a la ciudad del placer y la fugacidad:

Sobre tu Capital, cada hora vuela
ojerosa y pintada, en carretela…

Una estrofa de «Todo…»: «En mis andanzas callejeras / del jeroglífico nocturno, / cuando cada muchacha / entorna sus maderas, / me deja atribulado / su enigma de no ser / ni carne ni pescado», me la explicó Rodolfo Usigli en una carta de 1969 como una referencia a la ya desaparecida «zona roja» de Cuauhtemotzin, donde las prostitutas solían acodarse a sus medias puertas para atraer a los transeúntes y entornar la mitad superior cuando estaban descansando entre dos faenas para anunciar que seguían de guardia, pero se concedían lo que hoy se llama un *«coffee break»*.

❧

Sólo volvió a referirse a la ciudad para verla bajo su aspecto funerario:

> Era ya la hora solapada en que se nace, se muere y se ama. Con todo, México fingía una necrópolis. Yo, sin ser la Capital, sentíame otra necrópolis. Con la diferencia de que en mí no se recataban alumbramientos, ni agonías, ni el vértigo equidistante de la cuna y la fosa.

En su poesía, como en la de Baudelaire según Walter Benjamin, las imágenes de la mujer y de la muerte se entremezclan con una tercera imagen: la de la ciudad. Como el París de *Les fleurs du mal*, el México de López Velarde es una ciudad hundida y más submarina que subterránea:

> Soñé que la ciudad estaba dentro
> del más bien muerto de los mares muertos.
> Era una madrugada del invierno
> y lloviznaban gotas de silencio.
>
> No más señal viviente que los ecos
> de una llamada a misa, en el misterio
> de una capilla oceánica, a lo lejos.
>
> De súbito me sales al encuentro,
> resucitada y con tus guantes negros.

López Velarde no alcanzó a terminar este poema. Es probable que no haya habido otro. Una vez más el último viaje del *flâneur* resultó la muerte.

❧

En el trato diario no era brillante como Díaz Mirón, o ingenioso como Tablada y Urbina, ni encantador como Nervo y González Martínez. Su poesía se nutrió de una existencia común y corriente. No fue su vida, sino la respuesta a su vida. No perteneció sólo a su tiempo: superó la época que terminó con su desaparición, hace hoy cincuenta años. Ahora nos parece más actual que todos los modernistas y vanguardistas. Es, como él dijo de Amado Nervo, «nuestro as de ases», «el poeta máximo nuestro».

Ramón López Velarde camina por Chapultepec (noviembre 2, 1920)

Para despedirme de José Carlos Becerra

El otoño era la única deidad.
Renacía
preparando la muerte,
sol poniente
que doraba las hojas secas.

Y como las generaciones de las hojas
son las humanas.
Ahora nos vamos
pero no importa
porque otras hojas
verdecerán en la misma rama.

Contra este triunfo
de la vida perpetua
no vale nada
nuestra mísera muerte.
Aquí estuvimos,
reemplazando a los muertos,

y seguiremos
en la carne y la sangre
de los que lleguen.

López Velarde, Tablada, González Martínez: Hoy es siempre todavía

Ramón López Velarde, José Juan Tablada y Enrique González Martínez, los poetas más célebres de 1921, volvieron a serlo medio siglo después en 1971 por virtud de la cronología: el cincuentenario del primero, los cien años de los otros dos. Uno se llevó todos los homenajes, sus amigos merecieron apenas una recordación. A Tablada y a González Martínez se les puso diez en aprovechamiento y cero en conducta. En México nada se olvida. El pecado de haber apoyado a Victoriano Huerta contó para hacer más discretos los homenajes. Aun así, hubo protestas de los sobrevivientes de 1913-1914 que morirán sin perdonar a Tablada y a González Martínez su antimaderismo.

La excelencia poética no es un salvoconducto. Un escritor ha de ser juzgado tanto por lo que escribió como por lo que hizo. Pero sus errores o aciertos políticos no afectan el logro o el fracaso de una obra que sólo puede ser examinada como buena o mala poesía.

La abundancia y el tono de las celebraciones que rodearon a López Velarde estuvieron a punto de enajenarle la admiración unánime despertada por su poesía a lo largo de cinco décadas. Los mismos que siempre nos quejamos del desprecio en que se tiene a los poetas mexicanos ahora vimos mal que el gobierno homenajeara a López Velarde y por momentos se pretendiera convertirlo póstumamente en algo así como el bardo del régimen.

Es elogiable que en los pasillos del poder lo admiren por sus cualidades líricas. Pero si el entusiasmo se basa en razones políticas hay que insistir en que «La suave Patria» no es el poema épico de la Revolución, sino el poema lírico que le sirvió a López Velarde precisamente para despedirse del México que esa misma Revolución había hecho imposible.

No es ni será nunca un «poeta popular». Entre los nuestros es el que exige mayor colaboración del lector y conocimiento previo del lenguaje poético. Sus ideas atentan contra la propagación de los mexicanos y contra la familia, a la que juzgó «taller de sufrimiento, fuente de desgracia, vivero de infortunio». Si algo celebran son el erotismo –el uso no biológico de la sexualidad– y la necrofilia, cosas que jamás veremos exaltadas en los discursos presidenciales.

❧

De cualquier modo en 1971 la poesía mexicana ocupó la atención pública por vez primera desde los apoteósicos funerales de Amado Nervo en 1919 y de Salvador Díaz Mirón en 1928. El año termina con la aparición del *Ómnibus de poesía mexicana* (Siglo XXI), donde Gabriel Zaid demuestra que esta poesía es de verdad excelente y una de las pocas cosas que siempre han funcionado bien en el país. Nadie se enorgullece de esta tradición porque sólo unos cuantos la conocen. 1971 nos ha dado la oportunidad de acercarnos a ella.

La mejor consecuencia de los aniversarios ha sido la aparición de varias ediciones en que al fin es posible leer a López Velarde, a González Martínez y a Tablada. Ya que nuestros críticos no han querido darnos el examen que estos libros reclaman, me propongo al menos informar que están disponibles las *Obras* de López Velarde (edición de José Luis Martínez, Biblioteca Americana, Fondo de Cultura Económica), las *Obras completas* de Enrique González Martínez (edición, prólogo y notas de Antonio Castro Leal, El Colegio Nacional) y la *Poesía* de José Juan Tablada (recopilación, edición y notas de Héctor Valdés, Universidad Nacional Autónoma de México, Centro de Estudios Literarios).

Solemnes, imponentes, masivos, los tres tomos pueden paralizar la curiosidad del lector. En este caso, 1971 también puso a nuestro alcance libros más breves y accesibles: *El león y la virgen*, la antología clásica de López Velarde, prologada y seleccionada por Xavier Villaurrutia (segunda edición, Biblioteca del Estudiante Universitario, Universidad Nacional Autónoma de México), *Los mejores poemas de José Juan Tablada* (prólogo de J. M. González de Mendoza, presentación, edición y notas de Héctor Valdés, en la misma Biblioteca del Estudiante Universitario) y *Enrique González Martínez: Antología de su obra poética* (selección y prólogo de Jaime

Torres Bodet, Colección Popular, Fondo de Cultura Económica).

Leer obras completas es un ejercicio melancólico. Todos los escritores deberían de practicarlo para fortalecerse en algo que no sale sobrando: la modestia. Los afortunados, los grandes poetas, son aquéllos que logran escribir cinco o diez poemas definitivos y, a su modo, indiscutibles y perfectos. Lo demás son borradores, tentativas, reiteraciones.

¿Vale la pena dedicar a esto el esfuerzo y el sufrimiento de toda una vida? Antes quedaba la ilusión de la posteridad. Hoy, con el desgaste acelerado de todo, ni siquiera cabe ese ficticio consuelo. Paul Valéry decía que el escritor contemporáneo morirá dos veces: una como persona, otra como escritor, y que además hará el ridículo a los ojos de las generaciones futuras.

En un mundo perfecto habría dos clases de ediciones: amplios tirajes de rigurosos libros antológicos para el público y obras completas en cien ejemplares no negociables para que los especialistas los consulten en bibliotecas e institutos de investigación. Quien maneje las obras completas de alguien tan de primer orden como Rubén Darío no dejará de sentir este impulso.

Sin embargo, un recurso tan antidemocrático se cancela a sí mismo. La infalibilidad no es un atributo humano y menos aún de aquellos seres a quienes un extraño impulso lleva a convertirse en poetas. Uno desea ver que también los grandes se equivocaron mil veces como nosotros: pagaron cada acierto con cien errores y aprendieron echando a perder, como sucede siempre. Lo asombroso es que siendo tan imperfectos como cualquiera hayan escrito lo que escribieron. En este sentido las obras completas humanizan a quienes solemos contemplar petrificados en su efigie impávida. Su lectura es un trabajo de amor. No debiera emprenderla quien no haya adquirido ese amor gracias a las antologías y a las selecciones.

Nervo tuvo razón cuando temió a las obras «*odiosamente* completas». Uno se estremece al ver que los poemas y prosas admirables de López Velarde coexisten en un mismo tomo con doscientas veintiséis páginas de infames textos políticos publicados entre 1909 y 1913, sin más interés que el documental. Y en medio de la asombrosa poesía de Tablada irrumpe como una mancha de cieno *La epopeya nacional. Porfirio Díaz*, un ditirambo mercenario en versos indignos de los poetastros municipales.

La contradicción no se resuelve. Uno quisiera ver eliminados esos fardos y al mismo tiempo sabe que escamoteándolos no podríamos aspirar a entender a López Velarde ni a Tablada. En este último caso la basura se vuelve tanto más lamentable cuanto que el noventa y nueve por ciento de quienes se acerquen a su poesía la estarán descubriendo: casi todos sus libros se publicaron fuera de México y en ediciones muy limitadas, inconseguibles hasta en las bibliotecas.

1971 ha terminado. Todavía no comienza la nueva valoración de estos otros tres grandes. Sus obras quedan allí para que cada uno de nosotros la intente.

La patria espeluznante

«Llorosa Nueva España que deshecha te vas en llanto y duelo consumiendo» fueron los versos iniciales de la poesía mexicana. Los escribió hace cuatrocientos años Francisco de Terrazas. Hoy al fin nos encontramos con nuestro destino sudamericano. «A la idea de una patria pomposa, multimillonaria, honorable en el presente y epopéyica en el pasado» la reemplaza la «patria espeluznante» del poema «La lágrima...». En 1983 Ramón López Velarde (1888-1921) es, como nunca, el poeta de nuestra miseria y de nuestra zozobra.

Imposible abrir una página editorial en estos días sin ver citado el dístico sobre el establo del Niño Dios y los veneros diabólicos de petróleo. Al estamparlo en «La suave Patria» López Velarde probablemente ignoraba que un siglo atrás Lizardi había dicho lo mismo contra la riqueza que es un don del subsuelo y no un producto del trabajo humano: la plata engendró la prosperidad de Europa y la indigencia de la Nueva España, multiplicó la corrupción y estorbó el desarrollo de la agricultura, la industria y el comercio.

López Velarde estaba consciente, en cambio, de que en 1921 se iniciaba el primer auge petrolero mexicano que permitió el esplendor cultural vasconcelista. Al transformarse en *crack* por obra de los intereses trasnacionales coadyuvó a que la suave patria de los versos, el nacionalismo sin xenofobia, los muralistas, los libros para todos, el presidente que recitaba poemas (y era, en el país de la constante derrota y la humillación insaciable, el único general invicto en la historia hispanoamericana) se convirtiese en la patria espeluznante de la rebelión delahuertista, la guerra cristera, la última campaña de exterminio contra los yaquis, los asesinatos de Topilejo y la dictadura militar de Calles.

Viaje a la semilla

La época es más que propicia para una nueva lectura de López Velarde. Y en estos momentos llega el libro de Martha L. Canfield *La provincia inmutable* (Università degli Studi di Firenze, 142 pp.), que constituye una interpretación lúcida, original y estimulante. Para Martha Canfield la *hýbris* de López Velarde es el abandono de la provincia y tiene como némesis el matrimonio imposible. La *hýbris* se reconoce en la señal que deja: la nostalgia, el anhelo, el mito interior de la provincia en el que se halla toda la memoria y toda la poesía de López Velarde.

Lo que para otros es el viaje al fondo de lo desconocido o a la Citeres del exotismo erótico para él, como para el primer Vallejo, es un viaje hacia atrás. Su provincia se distingue por ser más pueblerina que campesina, amar los interiores de las casas y la exterioridad del culto católico. Sede irrecuperable de la armonía perfecta, la provincia es un paraíso perdido en que la inocencia de la niñez preserva de la culpa y la desdicha. El mal existe afuera, en la ciudad diabólica (como el petróleo).

Ya que el regreso se vuelve imposible, la provincia se encarna en las emigradas, mujeres que tienen la doble condición de puerto del cual se zarpa y al cual se llega, de madre que enseña y madre que acoge. En el regazo de las jerezanas el poeta se libera de su culpa (el deseo) y halla el fin de su castigo (la soltería, el amor imposible, el eros enjaulado, la soledad y la nostalgia).

A través de la representación fantástica de una realidad edénica e inmóvil, se trata de restaurar la condición consoladora y remuneradora de dependencia respecto a la madre, contra el riesgo del crecimiento y la responsabilidad individual. Los valores morales y estéticos de la sociedad agrícola se instauran contra la civilización urbana, la infancia se opone al mundo adulto.

El teorema fracasa porque en la vida humana no hay retorno. Jerez se encuentra devastado por la Revolución y las jerezanas por los años que convierten a las vírgenes en solteronas. El conflicto entre la existencia que reclama y el pasado que inmoviliza se resuelve con un triunfo absoluto de este pasado y la recuperación de la figura materna en dos niveles: el íntimo y el público.

En el primero las nupcias con la muerte de sus poemas finales representan la única reconquista posible del útero. El segundo asume los rasgos de un programa político: renegar del progreso y del presente histórico y proponer que la nación regrese a las haciendas patriarcales en que el niño fue feliz. La madre se identifica con la tierra hasta volverse madre-patria, *matria.* El héroe es el abuelo (Cuauhtémoc); el padre está desterrado de una poesía en que el fracaso de la persona produce la victoria del poeta.

Las tías solteras y el escribidor

El estudio de Martha Canfield no es una tentativa de psicoanalizar a López Velarde sino un ensayo de crítica literaria a partir de Freud revisado por Lacan. Pero no alude sino tangencialmente a la biografía del autor y con ello prescinde de datos que apoyan sus tesis. Por ejemplo, los protagonistas de *La sangre devota*, *Zozobra*, *El son del corazón* y *El minutero* tenían más edad que López Velarde: «Fuensanta» (Josefa de los Ríos, 1880-1917) era la cuñada de su tío Salvador; Margarita Quijano nació en 1878 (una década antes que López Velarde) y murió en 1975, después del homenaje nacional de 1971 y de haber accedido al fin a que su nombre se pusiera en letras de molde. Como para romper toda frontera entre vida y poesía Margarita Quijano confesó en 1970 la clave del enigma de amor más intenso de toda la literatura mexicana.

Durante algunos meses (¿de 1916, 17, 18?) fueron novios. Diariamente, después de medianoche, hablaban por teléfono horas enteras. Algunas veces se encontraban entre las ruinas del cementerio de La Piedad. López Velarde pidió su mano. Margarita respondió que por su gran amor hacia él había traicionado a Jesucristo con el que se comprometió desde la adolescencia. No volvieron a verse.

Al morir Margarita Quijano, rigurosamente soltera a los noventa y siete años (30 de marzo de 1975), Carlos Pellicer reveló esta confidencia a todos aquéllos que lo interrogaron. Sin embargo, Emmanuel Carballo fue el único a quien Pellicer autorizó a hacerla pública (*El Día*, 15 de mayo de 1975). Como es un documento esencial para la historia interna de nuestras letras, hay que hacerle una rectificación: a la pregunta de si «¿López Velarde transmutó este drama en poesía?», el gran poeta que asistió al autor de *Zozobra* en su lecho de muerte respondió: «No aparece en ningún poema. Hay algunos versos en que se siente la puñalada, pero nada más».

No es así: aunque *Zozobra* se inicia con la agonía de Fuensanta («Hoy como nunca») su centro son los poemas a Margarita: «Trasmútase mi alma», «Que sea para bien», «La mancha de púrpura», «Despilfarras el tiempo», «Dejad que la alabe», «Tus dientes», «Hormigas», «La niña del retrato» (Guadalupe Appendini publicó la foto infantil de Margarita Quijano en que se basó el poema: *Excélsior*, 10 de abril de 1975), quizá «Ánima adoratriz» e «Idolatría», y desde luego el maravilloso texto de la ruptura: «La lágrima...», que conmovedoramente Margarita Quijano repetía de memoria en sus últimos años.

Encima
de la azucena esquinada
que orna la cadavérica almohada;

encima
del soltero dolor empedernido
de yacer como imberbe congregante
mientras los gatos erizan el ruido
y forjan una patria espeluznante...

Eros y resurrección

Fuensanta representa la conciencia casta. Según Martha Canfield la definen la santidad, la virginidad y la fraternidad. La Amada es también y sobre todo la Santa, la Novia y la Hermana. A diferencia de María, Sara, Águeda y Mireya y las desterradas que son la provincia, Fuensanta es el edén. Como la Laura de Petrarca y la Beatriz de Dante, Fuensanta es la Señora que impone el vasallaje amoroso y enseña el Amor Cortés. En ella más que en ninguna otra amada de la poesía moderna opera el modelo de la mujer ideal, angelicada, intangible, pensamiento constante y guía moral.

Un amor de esta naturaleza sólo puede ser platónico. La dualidad alma-cuerpo se vuelve irreconciliable y Fuensanta adquiere la condición de ángel asexuado. Pero antes fue un amor imposible y la autoridad despótica paterna la presentó como tabú. Violar este tabú significa eliminar al padre. La *hýbris* de López Velarde es la negación de la figura paterna y el incesto fraternal.

Como aparece demasiado cantada, Fuensanta puede ser la pantalla de la figura materna.

El ciclo de Fuensanta y de la provincia idealizada se escribe en *La sangre devota* bajo el signo de la sublimación. Ya que ésta es represión y lo reprimido vuelve siempre, el cuerpo cobra sus derechos en *Zozobra*. López Velarde en principio identifica el eros con un aspecto particular del mismo, el sexo, y aun con la simple genitalidad. Las «flores de pecado», las «consabidas náyades arteras», las «odaliscas» capitalinas –tan opuestas a las flores de amor, pureza, bendición y veneración provincianas– encarnan el objeto de pecado, de vuelta de la prohibición que hace inalcanzable a la amada. La «zozobra» del título es el vaivén entre la vocación moral y el pecado de la debilidad. En *El son del corazón* las contradicciones se resuelven: el pecador se vuelve asceta, el espejismo terrenal se disuelve y el espíritu de la Santa regresa para salvar su alma. El fracaso de las ilusiones se liga a la convicción católica de que no hay redención en la Tierra. El desencantado se aferra al dogma que le devuelve la esperanza si acepta situarla en ultratumba: la resurrección de la carne. En el poema póstumo e inconcluso «El sueño de los guantes negros»:

> De súbito me sales al encuentro,
> resucitada y con tus guantes negros.
>
> Para volar a ti, le dio su vuelo
> el Espíritu Santo a mi esqueleto...

En López Velarde Tánatos vence a Eros. El microcosmos de su obra cumple la parábola de la humanidad entera: la última fase de la *polis* es la *necrópolis*. Pero antes la provincia idealizada regresa como idea inmóvil en «La suave Patria». En un momento en que se exaltaba la «patria chica» (la aldea, el pueblo, la región) como elemento fundamental del Estado, la Patria grande, y se estimulaba el regreso a las tradiciones y a la tierra, López Velarde rechazó la ideología urbana impuesta por el conquistador y privilegió la ideología rural típica del mundo indígena. Al fin «la Revolución optó por la ideología urbana y se interesó más por el petróleo que por la tierra» (José Luis Romero, *Campo y ciudad*). Zapata y Villa fueron asesinados, la Revolución se institucionalizó en partido y los intereses de la capital (y el gran capital) devoraron los intereses campesinos. Mientras tanto la lucha armada destrozó el antiguo sistema patriarcal y causó la migración a las ciudades.

Regionalismo frente a centralismo

En «La suave Patria» el poeta moribundo protesta su fe por el campo y contra la ciudad, por el viejo *modus vivendi* y contra el progreso. En la «epopeya» que en «A las provincianas mártires» López Velarde *reza* en un dístico inicial a Mireya, Martha Canfield ve algo enteramente novedoso: la Mireya mártir zacatecana es la hermana de la Mirèio del poeta provenzal Frédéric Mistral. Mirèio es la provinciana modelo de una región francesa que se obstina en mantener su lengua (la *langue d'oc*, de ilustre tradición trovadoresca), sus costumbres, sus creencias, tradiciones y autonomía frente al poder nivelador y centralizador del Estado francés. Para ello Mistral fundó el felibrismo, un movimiento literario caracterizado por la descripción del paisaje y la idealización de la provincia occitana, con una base ideológica vivamente católica.

A diferencia de la Provenza mistraliana, la provincia de López Velarde está despoblada de hombres. Es un gran gineceo por el que circula el poeta alucinado de amor. Su visión es la de un niño. Los hombres no están: trabajan; los niños aún no los ayudan en el trabajo. No les vedan aún las puertas del gineceo que se volverá paraíso cuando se pierda.

Las dos Mireyas, la provenzal y la zacatecana, mueren porque pertenecen al mundo arcaico que el progreso va a aniquilar. Antes de que desaparezca, López Velarde lo describe en un poema no construido como épica ni oda civil, sino a base de cuadritos que componen una alegoría definida y recuerdan lo mismo a la pintura del gótico tardío que al muralismo y al arte *naïf.* Como simpatizó con los provenzales, el poeta se siente afín al «correo chuan», el normando, otra nacionalidad en pugna con el centralismo francés. (Las analogías podrían extenderse hasta las similitudes entre los pretéritos chuanes y los entonces futuros cristeros también campesinos, regionalistas y en primer término católicos, en lucha contra un Estado centralizador pero al mismo tiempo contra una revolución victoriosa).

Gulliver y san Felipe

La patria del poema no se parece al Estado mexicano que se creó a la fuerza sino a su pueblo nativo. El sureste, la costa, la frontera están excluidas; la capital aparece fugazmente. La patria es una *matria*: todas sus imágenes son femeninas y es presentada como tierra cálida, protectora, dulce y generosa. El adjetivo *suave* sólo es aplicable a una figura femenina y también maternal. El poeta la ve como una casa llena de juguetes. En el proceso de gulliverización se identifica con el Creador y juega con el territorio.

Para él la patria es su provincia, la provincia es la tierra y la tierra, la mujer amada. La amada y la matria tienen mucho de la madre. Pero López Velarde sabe que es una fantasía: el México que desea está muriendo y el petróleo, el don maldito, será el caballo de Troya.

Más oscuro para el conocimiento actual y rara vez citado, es el otro dístico:

> Te dará, frente al hambre y al obús,
> un higo san Felipe de Jesús.

En la «doctrina» con la cual se preparaba a los niños de los años cuarenta para su primera comunión se les hablaba de que entre los escombros de la ciudad virreinal aún florece cada año la higuera del único santo mexicano, san Felipe de Jesús. Se supone que al morir crucificado nada menos que en Nagasaki, Felipe envió un mensaje de consuelo y esperanza a la llorosa Nueva España: mientras su higuera exista y reverdezca, frente al hambre, la miseria y la violencia, su patria o matria de infinitos recursos (aun y sobre todo en el desastre) obrará una y otra vez el milagro: lo imposible será posible. La higuera, que es la tierra perdurable, saciará a los hijos de la patria espeluznante y un día volverá a ser, si alguna vez lo ha sido, la suave Patria.

De los poetas muertos

Lo que pudo haber sido es una abstracción
y sigue siendo perpetua posibilidad
sólo en un mundo de especulaciones.

T. S. Eliot, «Burnt Norton», *Cuatro cuartetos*

Supongamos, no cuesta nada, que el domingo 19 de junio de 1921 una dosis masiva de penicilina (no descubierta hasta 1929 por Alexander Fleming) salva de la pulmonía a Ramón López Velarde (1888-1976). El derrame pleural se alivia mediante punción y aspiración practicadas por su hermano Jesús y el doctor Monges López en el Sanatorio Francés de Niños Héroes.

Ante la indiferencia de los jóvenes que rodean a Vasconcelos en Educación y a Henríquez Ureña en la Universidad y ya forman el grupo literario dominante, López Velarde publica *El minutero* y *El son del corazón*. En 1925 sale *Pentágonos*, su único libro estridentista. A juicio del joven crítico Jaime Torres Bodet, es «un paso en falso y un vano intento de ponerse a la moda».

En 1927 su genuino catolicismo, sus ideas ultraconservadoras y las atrocidades federales en Jerez llevan a López Velarde a convertirse en el poeta por excelencia del movimiento cristero. A raíz del atentado contra Obregón en Chapultepec, López Velarde pasa a la clandestinidad y sus poemas sólo se publican en los periódicos de las catacumbas. En 1929 se exilia en España y después en Colombia. La amnistía cardenista le permite volver al país en 1938. Trabaja en *Excélsior* como encargado de la página editorial y vuelve a dar clases en la Preparatoria. Al subir a la presidencia Ávila Camacho, lo nombra ministro plenipotenciario en El Salvador.

La tónica tibieza

Miguel Alemán, que había sido su alumno en 1920, lo hace director de los Talleres Gráficos de la Nación. Le pesa reeditar en esas prensas sus libros iniciales, que no se distribuyen comercialmente, y añadir un nuevo título con sus poemas de los últimos años: *El edén subvertido* (1949), que tampoco circula.

En la época de Ruiz Cortines, López Velarde dirige la Biblioteca del Congreso de la Unión y es asesor del secretario de Agricultura, Gilberto Flores Muñoz. Al mudarse la UNAM al Pedregal, da clases de español e introducción a la literatura francesa en la Facultad de Filosofía y Letras. Muerto Vasconcelos en 1959, López Velarde lo sustituye en la dirección de la Biblioteca de México en la Ciudadela.

Don Ramón se casó en 1922 con Margarita González (no con su amor imposible, Margarita Quijano). Matrimonio sin hijos, viven modestamente en la calle de Valle Arizpe, junto a su amigo y contemporáneo don Artemio, entre el puente de Insurgentes y el Parque de la Lama. Los estudiantes de aquellos años a menudo lo encontramos en el espacio imposible de un atestado camión Insurgentes-Bellas Artes y sostenemos conversaciones monosilábicas con él.

Sus clases son aburridísimas. Don Ramón tiene las mismas dotes pedagógicas del maestro Cernuda y el maestro Torri, de quienes sabemos vagamente que son o fueron escritores de cierto renombre. Un día, a mediados de los sesenta, ocurre una casualidad. Roque Dalton le pide a José Carlos Becerra que lo acompañe a *Cuadernos Americanos* donde lo ha citado Mauricio de la Selva.

Don Moncho Velarde

En el edificio de la revista de don Jesús Silva Herzog está Libros de México, la imprenta de los Loera y Chávez que tienen en una bodega ejemplares de la colección Cultura y los regalan o los venden por cualquier cosa. Becerra se asombra al descubrir allí los libros milenarios de don Ramón. Una tarde llega al café y dice: «Voy a leerles unos poemas. A ver qué les parecen». Los lee y después los escruta verso a verso. «Mire, maestro. Dígame si no son una maravilla estas líneas». «Pero claro, sensacionales. ¿De quién son?». «¡Don Moncho Velarde!». «No es posible, no lo puedo creer. Quién iba a imaginarlo».

Estimulado por la repentina adoración de los poetas jóvenes de entonces, don Moncho Velarde se anima a publicar *La derrota de la palabra* (1966). «Los mejores poemas de la vejez que se han hecho hasta hoy en lengua española», escribe en *La Cultura en México*

Carlos Monsiváis. Y Gabriel Zaid señala: «Sólo comparables a las últimas páginas de Yeats». Se ve que don Moncho Velarde ha leído a Efraín Huerta y a Jaime Sabines. Hay un verso que le gusta especialmente a Rodolfo Usigli: «Vejez, fraude cabrón, hija de puta».

1968

El entusiasmo no logra trascender al público. Es ya 1968 y el 14 de junio (pues su aniversario, el 15, cae en sábado) hay poquísima gente en la Sala Ponce de Bellas Artes para celebrar los ochenta años de Ramón López Velarde. Lástima, no pudo estar a tiempo la edición de su *Poesía (1912-1966)*, patrocinada por el gobierno de Zacatecas gracias a las gestiones de Roberto Cabral del Hoyo. El Fondo de Cultura Económica, dirigido por Salvador Azuela, no se decidió al respecto. Margarita Michelena dice que hubo presiones superiores, engendradas por el pasado cristero de don Ramón. El libro no se llama *Poesías completas* pues en el México de la paz y la prosperidad interminables no tiene objeto resucitar viejas facciones ni pecadillos juveniles que pedían la muerte del Turco y el exterminio de don Bárbaro Matón.

Presiden la mesa don Antonio Castro Leal, como es justo, y el director de Literatura, don Antonio Acevedo Escobedo. El director general del INBA mandó en representación a su hijo José Luis Martínez Hernández. Becerra consiguió que Carlos Pellicer enviara desde Villahermosa un soneto para su amigo de juventud.

A nombre de Pellicer comienza a leerlo Juan Manuel Torres:

> Ramón, si en los ochenta de tu vida
> pedernal es la luz, jade la arena,
> que el flechador extraiga de tu pena
> sangre de sol para dorar tu herida.

Salvador Novo lee personalmente uno de sus sonetos llamados «impublicables»: un juego quevedesco entre el título de *Zozobra* y el hecho de que el poeta octogenario no figure en la Academia de la Lengua. López Velarde enrojece. Tampoco se siente bien cuando el columnista literario más leído de México, Luis Guillermo Piazza, habla de cómo la sensibilidad *camp* nos permite recuperar gozosamente un pasado que dábamos por perdido. Becerra lee su propio texto y diez párrafos muy precisos de Zaid. El acto termina con un ensayo de Monsiváis sobre la relación de López Velarde con la cultura popular mexicana entre 1915 y 1925.

A la salida vamos al Café de Tacuba. Luego dejamos a don Ramón en el departamento que ocupa en el edificio Chihuahua del nuevo conjunto habitacional Tlatelolco. La casa de la colonia Del Valle tuvieron que abandonarla él y doña Margarita –quien, muy enferma, no pudo asistir al homenaje– porque los nuevos condominios la aplastaron.

Como suele ocurrir después de estos actos, la cena fue bastante incómoda. Pese a nuestro entusiasmo y sincera admiración, el homenaje resultó desairado. En las conversaciones del Café de Tacuba incurrimos en el tema que habíamos prometido evitar porque sabemos cuánto hiere a don Ramón: la gloria de Pedro Requena Legarreta (1893-1918) a quien culpa de sus años de oscuridad y menosprecio.

Es natural. Todos los que aspiramos a escribir en México hemos crecido en la veneración por Requena Legarreta. Octavio Paz acaba de dedicarle un gran ensayo en *Cuadrivio*: «Las hogueras más altas o la pasión de Requena Legarreta». Su íntimo amigo Antonio Castro Leal ha sido fiel guardián de su memoria y a él le debemos la edición admirable de sus *Obras completas* (1961).

Desde el número que le dedicó *México Moderno* cuando sus restos fueron traídos a la capital, el prestigio de Requena Legarreta no ha dejado de crecer: los ensayos de Torres Bodet y Gorostiza en los veinte, de Cuesta y Villaurrutia en los treinta, de Chumacero, Noyola Vázquez y Solana en los cuarenta, las biografías, los testimonios de sus contemporáneos, los libros monográficos, los estudios estadounidenses, los *Selected Poems* traducidos por Robert Graves (New Directions, 1963)…

Dolor y misterio

En 1920 el rector de la Universidad Nacional, José Vasconcelos, convocó al homenaje para el joven poeta muerto:

> Hoy llega por fin el cuerpo que alentó vida espléndida. Los trabajos de Requena, sus traducciones de Tagore y de los poetas de la guerra, sus odas y poemas llenos de vigor y de belleza, son apenas un presagio de lo que hubiera podido hacer, si la muerte no lo sorprende antes de los veinticinco años. Su alma era un chorro lírico inexhausto. Los que le conocimos le amamos, los que no le conocieron tendrán que limitarse a admirarlo, pero todos debemos rendir tributo a la bondad del corazón noble y a las altas dotes de un pensamiento que fue ilustre...
>
> He aquí por qué en este entierro de poeta, la Universidad [estará] representada por doce poetas cuyas almas cantarán mientras caminen con el féretro en hombros, aunque detrás deudos y amigos lloremos. Ojalá que la conciencia nacional estuviese bastante despierta para que al paso del joven muerto las mujeres regasen flores. Y así llevaría el cortejo gritos y lágrimas como una protesta contra la fatalidad, y cantos, flores, oraciones y versos, como múltiple e indistinguible expresión de la esperanza.
>
> La Universidad invita a los hombres de letras, a los amantes de la poesía, a todos los que creen en la virtud ennoblecedora del canto, para que vayan a solemnizar el suceso desgarrador y misterioso de una vida llena de

promesas que súbitamente se trunca, suceso triste como la columna rota, como el fracaso injusto, como la vida misma que es incomprensión y dolor y misterio.

Poeta en Nueva York

Pedro Requena Legarreta nació en 1893 y creció en la casa que llevó el apellido de su padre, José Luis Requena Abreu. Si no la obra maestra, al menos la obra más representativa del *art nouveau* mexicano, la Casa Requena fue criminalmente demolida para dejar su sitio a un monstruo bancario. Parte de su moblaje logró salvarse y se conserva en el Museo de Chihuahua.

Como otros adolescentes de 1910, Pablo Martínez del Río y el propio Castro Leal, Requena Legarreta se interesó por las letras inglesas y en los primeros años de la Revolución se instaló en Nueva York. Se adelantó a Juan Ramón Jiménez y a Zenobia Camprubí en traducir a Rabindranath Tagore en verso castellano (*Gitanjali*, Nueva York-México, 1918). Preparó un *Cancionero de la Gran Guerra* en tres volúmenes (Francia y Bélgica, Inglaterra, Alemania) del cual, hasta donde sabemos, pues su obra es casi inaccesible, sólo llegó a aparecer la *Antología de los poetas muertos en la guerra (1914-1918)*, con un ensayo y notas de Castro Leal, número 4 del tomo X de Editorial Cultura que, en 1921, publicó también su *Antología*, adelanto de *Poesías líricas* (Miguel E. Castillejas e Hijos, impresores, México, 1930). Sólo ha sido posible ver dos ejemplares de este libro, uno en la Biblioteca Pública de Nueva York, auténtico tesoro de poesía mexicana, y otro en la biblioteca particular de la familia Berny-Abreu, sin la cual no existiría esta columna.

Incluyen a Requena Legarreta la *Antología de jóvenes poetas mexicanos* de José D. Frías (París, 1911), la *Hispanic Anthology* de Thomas Walsh (Nueva York-Londres, 1920) y *La poesía mexicana moderna* de Castro Leal (1953). En los treinta y cinco años posteriores la sombra de López Velarde lo ha ocultado hasta hacerlo desaparecer.

Tengo una cita con la muerte

Requena Legarreta encontró una equivalencia perfecta para el más popular texto en inglés de la Primera Guerra: «Tengo una cita con la muerte» de Alan Seeger (1888-1916), poeta estadounidense que se educó en México, entró en la Legión Extranjera y cayó combatiendo en Belloy-en-Santerre:

> Tengo una cita con la muerte
> en una trágica trinchera.
> Cuando retorne primavera
> regando flores en su viaje,
> tengo una cita con la muerte
> bajo su límpido celaje.

De Rupert Brooke (1887-1915) tradujo cinco poemas, entre ellos «El soldado»:

Pensad, cuando supiereis que al fin he sucumbido
en el rincón oculto de alguna extraña tierra,
que seré para siempre ya parte de Inglaterra,
hoy con su polvo un polvo más rico confundido.

Como López Velarde, Requena Legarreta fue apasionado del arabesco:

Azim: en el narguile pon mi Shiraz más fino,
aquel Shiraz selecto que con ámbar perfumo
y cuyas espirales azules, cuando fumo,
me acarician con toque de brazo femenino.

También perteneció de lleno a la generación de 1915, que el Abate de Mendoza llamaba «la generación de *Zozobra*»:

No hay un astro que alumbre ni hay un faro que guíe,
no sé adónde dirijo mi paso vacilante;
sólo escucho el sarcasmo del arroyo que ríe
y el graznido siniestro de algún pájaro errante.

Actualidad de la zozobra

«Murió prematuramente, antes de que se templara su abundancia, de que se resistiera su facilidad. Su obra ofrece la melancólica visión de un torso roto». Así opinó Castro Leal en 1951. Y nunca más hubo juicios acerca de Requena Legarreta. Las comparaciones son imposibles. Pensemos en que López Velarde hubiera muerto a la misma edad, veinticuatro años, en 1912, cuando sólo había escrito unos cuantos poemas de *La sangre devota* (1916) y ni una línea de *Zozobra* y *El son del corazón*.

Acaso estos grandes libros culminaron lo que Requena Legarreta intentó en sus *Poesías líricas*. Ambos pertenecieron a una generación que fue arrasada tan cruelmente como la generación de los sesenta. Los dos vivieron el «año terrible» de 1915. Y todo hace temer que en la historia mexicana 1915 sólo tendrá un equivalente: 1988. Ramón López Velarde y Pedro Requena Legarreta son de nuevo los poetas de nuestra propia zozobra.

> Oigo lo que se fue, lo que aún no toco
> y la hora actual con su vientre de coco.

La casa de López Velarde

Querido José Luis: hoy, jueves 9 de junio, la casa de López Velarde en Álvaro Obregón 73 sigue en ruinas. El minucioso programa de actividades que aparece en *Tiempo Libre* no dice una palabra acerca de su restauración. En las primeras informaciones en torno a los actos del centenario se hablaba de rescatar el edificio en que López Velarde vivió de 1914 hasta su muerte, en 1921, y escribió la parte más importante de su obra.

A partir de 1969, y durante casi veinte años, he insistido en preservar el edificio de Obregón 73. Entre el gran número de textos publicados en diarios y suplementos, permíteme citar sólo uno que apareció como editorial anónimo en *La Cultura en México* (n. 489, 23 de junio de 1971):

> Hace dos años hablamos por vez primera de la casa de López Velarde y señalamos que no tardará en ceder a la frenética destrucción de lo que fue la colonia Roma. Hasta hoy sobrevive, aunque en estado ruinoso. ¿Será una exigencia desmedida pedir al gobierno de la Repú-

blica y al gobierno de Zacatecas que, a semejanza de lo que se hace en otros países, se adquiera este edificio y se mantenga en pie como homenaje a López Velarde?

En efecto, la exigencia resultó desmedida. A pesar de que el noventa y nueve por ciento de los artistas e intelectuales entrevistados por otras publicaciones manifestaron estar de acuerdo con nosotros en este punto, se resolvió que el edificio «no tenía ningún valor artístico» y bastaba colocar una placa en sus muros. Quizás Obregón 73 será arrasado con todo y placa para que ocupe su lugar un estacionamiento-taquería de los que tanta fama y belleza han dado a la Ciudad de México.

No hubo respuesta de las autoridades. En cambio, la Asociación de Escritores de México, que en ese entonces presidía Wilberto Cantón, propuso que el edificio se restaurara para establecer allí «un Museo del Escritor en que se conserven las pertenencias, primeras ediciones, manuscritos, facsímiles y cuantas cosas puedan rescatarse de los escritores mexicanos desaparecidos». Por su parte, Othón Lara Barba sugirió que con los espléndidos materiales que hay en la Biblioteca Nacional se instalara allí el Museo de la Poesía Mexicana.

En otra información anónima de *Excélsior* (18 de mayo de 1971) se escribió:

En el edificio, a punto de caer por lo dañado de sus muros, techos, escaleras, habitaciones y arquitectura en general, viven ahora más de ocho familias que por su precaria situación económica, excepto una, no pagan renta. El propietario –dijo una vecina– espera que el edificio se caiga para vender el terreno o para construir otro.

Diecisiete años más de abandono, la contaminación y el terremoto de 1985 han convertido a Obregón 73 en la ruina de sus propias ruinas. Es indispensable actuar ahora mismo. Para el centenario de la muerte de López Velarde en 2021 también nosotros estaremos muertos.

Ignoro si en la Comisión, encabezada por el presidente de la República, el gobernador de Zacatecas y el secretario de Educación Pública, existe un proyecto para Obregón 73. Sea como fuere, me atrevo a proponer el modelo de la Casa de Poesía Silva en Bogotá, organizada en el edificio en que vivió, escribió y se suicidó José Asunción Silva.

La Casa de Poesía López Velarde puede tener, como la casa que dirige María Mercedes Carranza: 1) La fonoteca que recoja las voces de los poetas y las interpretaciones de actores y actrices. Los centros educativos y los interesados podrán escuchar gratis lo que deseen. 2) Talleres de lectura y escritura de poesía y de crítica literaria. 3) La biblioteca propuesta por Othón Lara Barba en que se concentren los libros de poesía mexicana y acerca de ella. La primera biblioteca de este género acaban de fundarla en Miraflores, Lima, el embajador de México en Perú, Jesús Puente Leyva, y el agregado cultural, Rafael Vargas. 4) Archivo fotográfico. 5) Auditorio en que se realicen lecturas, conferencias, mesas redondas y presentaciones de libros. 6) Cafetería que sea un centro de reunión informal y contribuya también a sostener la institución.

Establecer la Casa de Poesía López Velarde cuesta sólo una fracción de lo que se invertirá en los actos de la semana próxima y presta un servicio permanente a los lectores, a los estudiantes, a los investigadores y a los mismos poetas. López Velarde merece esta conmemoración permanente. Lo merece también nuestra poesía, una de las pocas cosas que siempre han funcionado bien en México. Pensemos en lo que se gasta cada año en preparar futbolistas y en lo que se destina en toda la República a los talleres de poesía. No obstante, nuestra selección nacional poética jamás ha hecho ni hará el ridículo fuera de México.

Bien sabes, querido José Luis, que no tengo ningún interés personal en todo esto. Por voluntad e incapacidad no aspiro a dirigir la Casa de Poesía López Velarde ni a ningún otro puesto. Tú, que has sido el editor ejemplar de sus *Obras*, le debes este otro monumento a López Velarde. Si la Casa de Poesía no se hace ahora ya no se hará nunca. Habremos perdido otra oportunidad y otra parte importantísima de nuestras tradiciones culturales. Muy afectuosamente, tu amigo:

José Emilio Pacheco*

---

* Álvaro Obregón 73 es hoy la Fundación Casa del Poeta, que alberga el Museo Ramón López Velarde, inaugurado en 1991, y la Biblioteca Salvador Novo-Efraín Huerta. El edificio fue rescatado y restaurado por el entonces Departamento del Distrito Federal en 1989 [N. de la primera edición].

La prisionera del Valle de México

A la memoria de Carlos Pereyra

1

Si vuelves encontrarás todo cambiado. Otra ciudad usurpa el sitio de la tuya. En principio no reconocerás nada. Luego verás que en medio de las ruinas, entre el México que ahora sí está, como soñaste en tu poema inconcluso, adentro «del más bien muerto de los mares muertos», sobreviven extrañamente tus puntos de referencia: tu casa, la Secretaría de Gobernación, la Secretaría de Educación, el Teatro Lírico de donde saliste en «el último viaje del *flâneur*: la muerte».

No busques el café Select ni Après l'Ondée, el sitio más distinguido de la colonia Roma, ni los reservados eróticos del café Colón. Sobre todo no vuelvas al jardín de tus encuentros que en pocos días más llevará tu nombre. Ya no está el cementerio de La Piedad que tanto te gustaba y tanto figura en tus poemas. Tu amigo Vasconcelos intentó despejar el aura de muerte que siempre ha flotado allí y levantó un estadio. Más tarde demolieron el estadio y alzaron un multifamiliar llamado como un muchacho que se aburrió en tus clases de preparatoria y llegó a presidente. Es, disculpa la insistencia, un lugar de muerte. Como Tlatelolco. Un lugar *hanté, haunted.* Perdona la pedantería involuntaria: no hay un equivalente en español de estas palabras. Pregúntale por ellas a Margarita y te las explicará como tantas otras cosas.

2

Siéntate por favor en esta banca. Aunque no lo creas, estamos en tu plaza de Orizaba. Ahora se llama Río de Janeiro. Las muchachas ya no vienen a dar vueltas los domingos después de la misa en la Sagrada Familia. Pero siguen aquí. Son las bisnietas de las que contemplabas hace ya sesenta años. Bajo las distintas modas, los diferentes peinados, los nombres que cambian como las hojas, tienen las mismas caras y los mismos cuerpos.

Excepto por el traje negro y el sombrero, nadie te reconocerá. A pesar de las fotografías no sabemos cómo eras. Unos te recuerdan moreno y esbelto, otros dicen que fuiste corpulento y rojizo. Ni siquiera acerca de tu voz hay acuerdo. Para Alfonso Taracena sonaba «como amaneramiento feminoide»; para Agustín Loera y Chávez tenía «viriles y provincianas entonaciones». Para nosotros tu única y verdadera voz es la que escuchamos por dentro al leer tus poemas.

3

Me gustaría preguntarte muchas cosas. Por ejemplo qué piensas del hecho de que Fernando Pessoa haya nacido el 13 y tú el 15 de junio de 1888. Pero hay tiempo, todo este año de tu centenario está consagrado a ti. No puedes imaginarte la cantidad de homenajes, discursos, conferencias, recitales, artículos, ediciones y reediciones.

Pobres poetas. Tanta soberbia, tanto afán de triunfar e imponerse a los demás, y no saben lo que les espera. Si tienen éxito en vida, de muertos seguirán el camino trágico de aquél a quien tú llamaste «nuestro as de ases, el poeta máximo nuestro»: Amado Nervo. Fracasar tampoco sirve de consuelo: entre los que bajan al sepulcro sin reconocimiento sólo uno de cada cien mil tendrá la gloria póstuma. Tú eres uno de ellos... y mira lo que hacemos contigo.

No nos basta con tus poemas: queremos entrar a saco en tus papeles privados, revisar tus sábanas, descubrir tus huellas genitales, exhumar tu cuenta bancaria (tú ni siquiera llegaste a tener una cuenta bancaria), tu historia clínica; interrogarte sobre tus creencias religiosas, políticas, estéticas; pasarte la cuenta por todo lo que tuviste que hacer, como hijo mayor, para que sobreviviera tu familia. Si no eres loco ni asesino ni suicida ni bribón tu poesía tendrá menos chiste. Has caído en manos de la policía judicial literaria. Mira, te presento al comandante Marx, al capitán Freud, al inspector Lukács, al teniente Lacan, al sargento Foucault.

Ahora sí o hablas o hablas. ¿Qué prefieres: tehuacán o picana?

4

No, no me doy baños de pureza: yo también soy uno de tus buitres y tus chacales. Llamo «investigación» a lo que si estuvieras vivo repudiarías como chisme, libelo, asalto inadmisible a tu intimidad. En vez de llevarme a la cárcel, me publican artículos y me invitan a dar conferencias y hasta me pagan.

Tranquilo, no te exaltes; si hablas no te va a pasar nada. Claro, te entiendo, me pongo en tus zapatos, a mí no me gustaría estar en tu situación. Pero no olvides que tú tienes la culpa por haber escrito libros maravillosos como *Zozobra.* Ya sé que los homenajes son por «La suave Patria», porque ellos creen que es un poema nacionalista y una épica de la Revolución. Sí, cómo no. Pero otro día hablamos de eso. Ahora quiero que me cuentes de Margarita.

Mira, te voy a ser sincero. Hace veinte años yo estaba haciendo una *Antología del modernismo.* Volví a leer tus poemas, que me encantaron como siempre, y también como siempre encontré cosas que no había visto. Por ejemplo, me di cuenta de tus semejanzas con Bécquer: los dos obtuvieron la fama después de muertos gracias a libros suyos publicados por sus amigos; practicaron el periodismo de derechas y fueron víctimas de la inestabilidad política; murieron de enfriamientos contraídos al pasear de noche a la salida de un teatro;

y ambos son autores de obras muy breves que concentran la atención en vez de dispersarla en una pluralidad de títulos y géneros.

Se me ocurrió cambiar la ordenación que para llamarlo las *Rimas* hizo Narciso Campillo y Correa del manuscrito *Libro de los gorriones.* Descubrí que en esa forma los poemas de Bécquer contaban la historia del nacimiento, crecimiento y muerte de un amor. Hice lo mismo con algunos de tus poemas en verso y prosa. Al lado de Fuensanta apareció la Otra con su misteriosa inicial, la eme, y sus características excepcionales.

5

Como nativo y habitante de una de tus dos provincias, la colonia Roma, absorbí desde los tres o cuatro años su riquísima tradición oral. Por tanto no hay mérito alguno en que sospechara quién podía ser «La niña del retrato» y «La dama de los guantes negros». Para estar seguro acudí a mi maestro Francisco Monterde, el hombre más discreto que ha existido. Me recomendó no meterme en donde nadie me llamaba y se negó a darme el nombre porque esa persona aún vivía.

En cambio, me dijo algo que yo no sospechaba: para la historia literaria la importancia crucial de aquel «imán de apetitos y vaso de sueños» radicaba en lo que hizo leer y escribir a López Velarde. No Lugones ni Laforgue: ella fue la influencia poética decisiva en el gran poeta. Quien lo dude que revise lo que escribió antes y después de 1915. Sin «la mujer de manos astrales y ropaje cándido» López Velarde jamás hubiera llegado a ser López Velarde. Y eso no iba a admitirlo una historia literaria como la mexicana, escrita por los hombres y para los hombres.

6

Han muerto José Carlos Becerra y Juan Manuel Torres. De aquella conversación con Carlos Pellicer el único testigo vivo es Carlos Monsiváis. Cuando le preguntamos el nombre, Pellicer contestó: Margarita Quijano. Es tiempo ya de que se diga, es un acto de justicia. ¿Puedo publicarlo?, me atreví a preguntar. Voy a pedirle su autorización. Hábleme dentro de una semana.

Así fue y el nombre de Margarita Quijano apareció por vez primera, supongo, en el número 389 de *La Cultura en México*, suplemento de *Siempre!* (23 de julio de 1969), en un número sobre el cincuentenario de *Zozobra.* Es probable que antes lo haya dado a conocer Beatriz Espejo. Para no atribuirme lo que no me corresponde, le mandé una carta al respecto. No me contestó nunca.

Ya con su autorización, el nombre de doña Margarita salió en la *Antología del modernismo* (1970) y en las excelentes notas de José Luis Martínez a las *Obras* de López Velarde (1971). Guadalupe Appendini la entrevistó para *Excélsior* e incluyó su texto en el libro *Los rostros desconocidos*, de aquel mismo año, que reeditará el Fondo de Cultura Económica. Seguramente incluirá la página más informativa que poseemos hasta ahora sobre Margarita Quijano, escrita cuatro años después (*Excélsior,* 10 de abril de 1975).

Por esos mismos días Beatriz Espejo y Emmanuel Carballo visitaron a Pellicer. Les contó la que hasta ahora es la única versión de aquellas relaciones. Se recoge en el libro de Carballo *Protagonistas de la literatura mexicana* (1986), páginas 234-236.

7

Margarita Quijano nació en La Paz, Baja California, el 11 de marzo de 1878, diez años antes que López Velarde y dos antes que Josefa de los Ríos, Fuensanta (1880-1917). A los veintiuno recibió su título de maestra. Justo Sierra la nombró titular de las cátedras de francés, literatura universal y lengua y literatura castellanas en la Escuela Normal. Las desempeñó brillantísimamente hasta su jubilación en 1935. Entre sus amigas y discípulas figuraron Palma Guillén de Nicolau y Carmen de la Fuente.

Las mayores cualidades de Margarita Quijano fueron también el origen de sus grandes problemas. No se rebajó nunca a la vulgaridad de escribir y fue algo mucho más raro y extraordinario: una gran lectora, lúcida, informada e hipercrítica que de verdad lo había leído todo y en sus lenguas originales. Gran pecado en un medio represivo, misógino, machista y corrompido por los devoradores de resúmenes y paseadores de libros.

Lo leía todo, lo sabía todo y para colmo decía lo que pensaba. Se mantuvo en esta línea hasta su muerte. Nada más natural que los escritores le tuvieran pavor y procuraran mantenerse a distancia de ella. Son elocuentes los comentarios de Julio Torri en sus cartas.

En el México que vivió de 1910 a 1920 entre el supermacho Porfirio Díaz y el supermacho Álvaro Obregón, una mujer como ella estaba condenada a la soledad y la hostilidad. Para mujeres como Margarita Quijano la envidia, el miedo y la bajeza desplegaron todo un léxico de injuria: sabihonda, marisabidilla, sabelotodo. Y todo un refranero encabezado por «Mujer que sabe latín ni encuentra marido ni tiene buen fin».

Nuestra venganza contra el malestar que nos produce la mujer hermosa consiste en creerla estúpida, así como suponemos que la inteligente lo es en compensación de su fealdad: Margarita Quijano fue la viva refutación de estas mezquindades, uno de esos seres privilegiados por la inteligencia y la belleza en todas las etapas de su vida: niña, adolescente, muchacha, mujer, anciana. Las fotos bastarían para justificar con creces el entusiasmo de López Velarde.

8

Por supuesto Margarita no conoció a «López Velarde», el poeta nacional que el presidente y toda la República homenajean en su centenario. El que se acercó a ella, aunque ya dueño de un talento genial, era un pobre diablo, Pierrot, Charlot, el transeúnte que habla en los poemas de Laforgue. Abogado sin clientela, político en bancarrota, autor de unos cuantos poemas estimables y de una prosa periodística mala aun para el más histórico, admirativo y generoso de los criterios.

Se conocieron en 1915, el año del hambre, el año de la zozobra y la violencia, en la capital ocupada semana a semana por un ejército diferente. Cuando el abismo parece abrirse a cada paso, lo sobrenatural ofrece un asidero. Margarita Quijano tenía proclividades místicas y ocultistas. Antes de la Revolución fue amiga, en el sentido no sexual del término, de Amado Nervo, hombre encantador, auténtica joya de los salones, que la adoraba como «mi hermanita».

En realidad era la mayor de nueve hermanos. El tercero, Alejandro (1883-1957), fue profesor, presidente de la Barra de Abogados, la Academia, la Cruz Roja, el Instituto Anglo-Mexicano de Cultura, director de *Novedades* y autor de libros y discursos sobre Cervantes y la lengua española. Pellicer dice que se encontraron en el tranvía de la colonia Roma. Lo más probable es que se hayan conocido en la Escuela de Altos Estudios, ya que López Velarde era amigo de Alejandro Quijano y juntos aparecen en muchas fotografías.

A su manera, Fuensanta resultaba atípica como Margarita y le estaba igualmente vedada al joven poeta. En este caso no por el rango social sino por el parentesco político: era la cuñada de su tío Salvador. Al ver cerradas las únicas salidas que daba la época: el matrimonio, el burdel o la fábrica, Fuensanta se convirtió en la tía solterona, el doloroso prototipo de una soledad sin nombre: sirvienta sin pago, madre arrumbada de los hijos ajenos. Un México que aplaudía las nupcias de un tipo de cincuenta años con una niña de catorce jamás hubiera tolerado, en cambio, el matrimonio de López Velarde con mujeres que le llevaban diez años.

9

La Revolución y la enfermedad (quizá tuberculosis, el cáncer de la época) llevaron a Fuensanta a la capital donde murió en 1917. De su agonía brota «Hoy como nunca», uno de los grandes poemas de *Zozobra.* ¿Escribió entonces su poema inconcluso «El sueño de los guantes negros» o bien es posterior a «La suave Patria»? Quien dude del rigor velardeano o considere ripiosas sus rimas que trate de llenar los puntos suspensivos del original: nadie ha logrado hacerlo en sesenta años.

«La prisionera del Valle de México» ¿es la muerta Fuensanta o es Margarita, enterrada en vida de 1917 a 1975? En todo caso a la última pertenecen los poemas en prosa y verso que cuentan la historia de sus relaciones: «La dama en el campo», «Boca flexible, ávida», «La niña del retrato», «Trasmútase mi alma», «Que sea para bien», «La mancha de púrpura» y el poema de la despedida: «La lágrima...». En muchos otros hay alusiones al vínculo entre ambos y casi todas son misteriosas. Por ejemplo, la muy conocida del león y la virgen («me revelas la síntesis de mi propio zodiaco») no admite la obvia lectura astrológica: López Velarde era Géminis, y para quien como uno ignora esa materia no es fácil ver la relación que tenían con el horóscopo que debe haberle trazado Margarita: Leo (23 de julio-22 de agosto) y Virgo (23 de agosto-22 de septiembre).

Imposible como hallar una interpretación de sus versos que satisfaga a todos es decidir qué sucedió entre Margarita Quijano y López Velarde. A Pellicer le dijo, según el testimonio de Carballo:

> Fui novia de Ramón durante algunos meses. Hablamos durante ese tiempo por teléfono poco después de la medianoche, cuando estaba persuadida de que mis padres dormían. Ramón me hablaba, y esas conversaciones duraban una hora y media y en ocasiones dos. Nos veíamos muy poco. Algunas veces nos encontramos en lo que fue el cementerio de La Piedad.

En el diálogo con Guadalupe Appendini el noviazgo aparece sólo como «una amistad, hermosa, diáfana, limpia, sublime». Dice también que ella nació «para el amor y para el dolor». Permaneció soltera a fin de respetar la promesa de amor pleno al poeta (así llamó siempre a López Velarde) y acatar resignada «los mandatos del Señor». Acerca de la ruptura, promete llevarse a la tumba el secreto: «Esa verdad sólo la conocen Dios, el poeta y yo».

Según Pellicer, López Velarde pidió a sus padres la mano de Margarita. Ella le dijo por teléfono:

> He cometido la traición más grande que una gente religiosa como yo puede cometer. He traicionado a Nuestro Señor Jesucristo, con el que me comprometí desde la adolescencia. Así de grande es el amor que te tengo. Te

digo esto para confirmarte la conversación en mi casa. Esto no puede ser, porque mi compromiso con Jesucristo es impostergable. Pero tan grande es mi amor por ti que lo he traicionado durante algunos meses.

No volvieron a verse.

10

La ruptura debe de haber ocurrido en 1917 cuando ella tenía treinta y nueve años y él veintinueve. La promesa hecha a Cristo no parece la única barrera: los separaba la diferencia de edades y el abismo de clase entre la aristocrática maestra Quijano y el don nadie que sin embargo ya había publicado un libro notable, *La sangre devota*.

Pocos supieron leerlo. Torri le perdonó la vida y los más jóvenes (¿Barreda, Castro Leal?) se burlaron de él, no menos clasistamente, al desdeñarlo como un poeta de las «gatas». Por si esto fuera poco, resultó necesaria la ominosa era del sida para ver que la relación de amor y muerte en los poetas del cambio de siglo no era retórica sino la experiencia más dolorosamente vivida. De sus cotidianas andanzas nocturnas por el harén de los pobres López Velarde salió con la enfermedad venérea poetizada en «La flor punitiva». Una vez más la espada se interpuso entre Isolda y Tristán.

López Velarde utilizó genialmente cuanto le había enseñado Margarita y trató de ser digno de ella, de ponerse a su altura. En tres años febriles quiso triunfar como todos: abogado, periodista, profesor, político muy cercano al secretario de Gobernación. En 1920 el cuartelazo obregonista acabó con sus ilusiones. Pero con todos esos desastres el inmenso poeta que habitaba dentro del pobre diablo había escrito nada menos que *Zozobra*, *El son del corazón* y *El minutero*, los tres libros supremos de la poesía mexicana entre 1900 y 1932. ¿No fue así, don Ramón? No se quede callado.

Las alusiones perdidas:
Para un glosario de López Velarde

A Luis Noyola Vázquez por *Fuentes de Fuensanta* y para Araceli Ardón por su Premio Rosario Castellanos

La otra noche, en la redacción de *Proceso*, Miguel Ángel Flores dijo que él, como habitante de la capital en este año y día, no entiende «La suave Patria» y que los niños de hoy no han visto ya no digamos «las garzas en desliz / y el relámpago verde de los loros», sino ni siquiera las «compotas».

Poco después, en diálogo con Ricardo Rocha, Emmanuel Carballo insistió en el tema de las alusiones perdidas. Hace cuarenta años Francisco Monterde había escrito: «Contemporáneos del autor, percibimos totalmente el mensaje; pero sus metáforas y reminiscencias ya intrigan a los extraños; mañana, cada frase requerirá una exégesis».

En las ejemplares notas a su edición de las *Obras* (1971) apuntó José Luis Martínez:

No es posible aclarar los significados de todas las imágenes de López Velarde, porque algunas de ellas son sólo capricho, juego verbal. Pero muchas otras, o bien son transparentes, o bien, si son oscuras, podemos intentar desarmarlas para adivinar su sentido.

Algunos escritores, en tiempos más recientes, polemizaron sin acritud en torno al «clima de ala de mosca». Resultó ser una tela gris semitransparente con que la moda de 1910-1920 volvió a insinuar los senos en vísperas de descubrir las piernas mediante las faldas cortas de los años veinte.

Si López Velarde estuviera vivo acaso respondería a nuestras perplejidades con tanta impaciencia como Neruda y Eliot. «Señor Neruda, ¿qué simbolizan en su poema el caballo y la guitarra? El caballo es un animal llamado caballo, la guitarra un instrumento musical llamado guitarra». «Míster Eliot ¿qué significan los tres leopardos blancos sentados al pie de un junípero? Significan tres leopardos blancos sentados al pie de un junípero».

El propósito de estas notas no es «interpretar» a López Velarde sino proponer un glosario de lo que sus contemporáneos sabían y nosotros ya ignoramos. George Steiner se quejaba del aparato ortopédico en que tienen que apoyarse los textos del pasado y temía: pronto habrá una nota al pie para informarnos: «Venus, diosa griega del amor».

Un hecho bien conocido en la teoría de la lectura es que la ignorancia de un término clave hace incomprensible un párrafo entero. Por ejemplo, la frase «Gran parte de los problemas políticos y culturales de México se debe a que en la Nueva España no tuvimos Ilustración» requiere para su entendimiento tener una idea aunque sea vaga del Siglo de las Luces y no confundir la Ilustración con mayúscula y la ilustración con minúscula.

Sin embargo, la poesía apela a algo más que a nuestro intelecto. Una búsqueda positivista de lo que (suponemos) tuvo en mente López Velarde ¿no acorrala nuestras posibilidades de lectura en un marco de estrecha literalidad? El famoso ejemplo de Borges y Quevedo es ilustrativo: después de la vanguardia el verso quevediano «y su epitafio la sangrienta luna» tiene para nosotros resonancias que se perdieron sus contemporáneos. Para ellos Quevedo simplemente quiso decir, señala Borges, que don Pedro Téllez Girón, el difunto a quien recuerda el soneto, había derrotado en un encuentro a los turcos.

Tomemos para no ir más lejos las primeras líneas del Quijote: «los duelos y quebrantos» de los sábados no son lo que hoy entendemos por «duelos y quebrantos» sino una modesta comida de huevos con entrañas, cabeza o pata de res. La lectura ortopédica no sólo impide el placer del texto: también demuestra que los libros son tan perecederos como sus autores y quienes los leen muchos años después en realidad vuelven a inventarlos.

Aquí van sólo unos cuantos ejemplos de las dificultades y estímulos que tornan fascinante el leer a López Velarde en 1988.

Arabia Feliz

y gasto mis talentos en la lucha
de la Arabia Feliz con Galilea

«Treinta y tres»

En el segundo siglo de nuestra era el gran astrónomo y geógrafo alejandrino Ptolomeo (Claudius Ptolemaeus) dividió Arabia en tres partes: Arabia *Petrea* (Hejaz, donde hoy se encuentran las ciudades sagradas de La Meca y Medina), Arabia *Felix* (Omán y Yemen), Arabia *Deserta* (el Negev). En la segunda acepción del término latino *felix*: fértil, fructífera, feraz, propicia al cultivo o, en jerga tecnocrática de hoy, «con vocación agrícola».

Azafata

azafatas súbitas de la carne

«Cuaresmal»

No, por supuesto, la *stewardess* que atiende a los pasajeros de un avión sino la «camarera que servía a la reina».

Correo chuan

como los brazos del correo chuan
que remaba la Mancha con fusiles

«La suave Patria»

Monterde: «el poeta civil recuerda una página de Barbey D'Aurevilly, cuando habla del correo de los chuanes: toque de exotismo, singular en el posmodernista». La *Antología del modernismo* (1970) da el nombre de la novela: *Le chevalier des Touches* (1864). Y en una muestra de que la literatura y la investigación resultan labores más cooperativas que competitivas, la respuesta final la proporciona David Huerta (*Proceso*, n. 407, 20 de agosto de 1984).

En *El caballero Destouches* (SEP-Siglo XXI, páginas 55 y 56) aparecen estas palabras:

> ... había venido desde Guernesey a la costa de Francia en aquella canoa de Destouches que no podía admitir más que un solo hombre, y que estuvo a punto de zozobrar cien veces bajo el peso de los dos. ¡Para suprimir toda carga inútil remaron con los fusiles!

Ligia

> Me asfixia, en una dualidad funesta,
> Ligia, la mártir de pestaña enhiesta,
> y de Zoraida la grupa bisiesta.
>
> «Treinta y tres»

Ligia es la protagonista de *Quo Vadis?* (1895), la novela del escritor católico y nacionalista polaco Henryk Sienkiewicz (1846-1916) que obtuvo el Premio Nobel 1905. Mucho antes de su versión hollywoodense en los cincuenta, *Quo Vadis?* ya era popular en México. Podría decirse que, aun sobre *Fabiola*, *Quo Vadis?* ha sido la Novela por excelencia y con mayúscula para el catolicismo mexicano.

En tiempos de Calles (ajenos a López Velarde) *Quo Vadis?* inspiró la resistencia cristiana y llenó de catacumbas las colonias Santa María, Roma, Juárez y San Rafael.

En la novela de Sienkiewicz, Marco Vinicio, sobrino de Petronio, se enamora de la huérfana cristiana Ligia y la lleva a una orgía en el Palatino. Vinicio intenta violarla; se lo impide Ursus, el gigantesco, fiel y casto sirviente de Ligia. Más tarde Ursus la rescata de quienes la habían secuestrado para entregarla a Vinicio por órdenes de Nerón.

Entre mil peripecias más Vinicio es convertido al cristianismo por san Pedro y san Pablo; la emperatriz Popea se enamora de él y aborrece a su rival Ligia; en el circo romano Ursus vence al toro que lleva entre sus cuernos a Ligia desnuda; la multitud pide su indulto; los enamorados dan las gracias a Ursus y marchan a Sicilia a consumar sus nupcias.

Como demuestran Ligia y los chuanes, López Velarde era gran lector de novelas, aunque no se interesó por practicar el género. Quizá a alguna desconocida u olvidada novela francesa debamos la alusión a Zoraida: o tal vez a algún cuento entre el mar de historias que forman *Las mil y una noches.* Enigmática para este redactor, la referencia puede ser transparente a los ojos de otras personas. Se acepta y agradece toda clase de ayuda para Zoraida y el «refrán» de «Humildemente» («cuando me sobrevenga / el cansancio del fin, / me iré, como la grulla / del refrán, a mi pueblo»).

Respecto a la «grupa»: si bisiesto es todo año designado por un número que puede dividirse entre cuatro, excepto los terminados en doble cero, y en ellos febrero tiene un día más (el 29), las medidas de Zoraida en esa parte de su cuerpo eran un poco mayores que las habituales.

Tebaida

El cuervo legendario que nutre al cenobita
vuela por mi Tebaida sin dejarme su pan…

«El mendigo»

La Tebaida es la región del alto Egipto, a la orilla izquierda del Nilo, cercana a Tebas y frente a los grandes templos de Luxar y Karnak. Durante la Edad Media en la Tebaida se establecieron los anacoretas cristianos para aislarse de toda relación social y entregarse a la penitencia. El más célebre de los anacoretas es san Antonio Abad, quien repartió sus bienes entre los pobres y se fue a vivir al desierto de la Tebaida por espacio de ochenta años. El Palemón de Guillermo Valencia y el Simón de Buñuel se llaman «estilitas» (no «estilistas») porque extremaron la penitencia viviendo en lo alto de una columna (*stela*).

A diferencia del anacoreta, el cenobita oró y sufrió apartado del mundo pero en la comunidad religiosa de un cenobio o monasterio. La identificación de la sexualidad con el mal y el pecado llevó a cenobitas y anacoretas a una obsesión erótica que se tradujo en acidia, acedia o acedía. Enfermedad y pecado, de la acedia derivamos términos como acedo, acedarse, acre, agrio, austero, avinagrado. Su equivalente moderno sería la depresión en el sentido clínico del término.

La Tebaida, antípoda del harén, obsesionó a López Velarde. En su homenaje a la bailarina *Anna Pawlowa* (Pávlova) compara sus piernas con las de Thaïs. Su escritor predilecto, Anatole France (1844-1924), publicó en 1890 *Thaïs* que cuatro años después inspiró la ópera de Massenet. France cuenta la historia de Pafnuncio, anacoreta que en la mejor tradición de nuestros santos llevó una vida de crápula antes de retirarse a la Tebaida. En un acceso depresivo Pafnuncio recuerda a la hermosísima cortesana Tais (como se escribe en español) y siente que debe redimirla de sus pecados.

Cuando Pafnuncio llega a Alejandría encuentra que Tais ha regresado también a la fe cristiana gracias a que su esclavo Ames (equivalente al Ursus de *Quo Vadis?*) ya está canonizado como san Teodoro. En un festín ambos dialogan con los incrédulos sectarios para quienes ser bueno en este mundo corrupto resulta una estupidez que acarrea los mayores sufrimientos. Sin embargo, Pafnuncio convence a Tais para que entre en el convento de Albina. El anacoreta regresa a la Tebaida y, a pesar de todas sus penitencias, lo consume el deseo por su antigua amante. Al fin reniega de Dios y de la esterilidad de su vida. Pafnuncio llega al convento enloquecido de amor y dispuesto a poseer a Tais, pero ella agoniza en olor de santidad y Pafnuncio sólo puede abrazarse a su cadáver. Sobra aludir a los ecos de esta novela en la poesía de López Velarde.

Antes hubo otra Tais: la cortesana ateniense que en medio de una orgía indujo a Alejandro Magno de Macedonia a incendiar el palacio de los reyes persas de Persépolis. Muerto Alejandro, Tais se casó con Ptolomeo y se convirtió en la reina de Egipto.

El perro de san Roque

En el poema del mismo título recogido en *El son del corazón.*

San Roque es el santo invocado para protegerse contra el cólera y todas las epidemias y enfermedades infecciosas. Nació en Montpellier en 1293, vendió sus inmensas posesiones para ayudar a los pobres y a los enfermos y marchó en peregrinaje a Roma. Encontró Italia asolada por la peste y se dedicó a atender a las víctimas de la plaga. Contagiado, se retiró al bosque y hubiera muerto de hambre de no ser por un perro que día tras día le llevó comida. Así en nuestras iglesias san Roque es representado con bordón de peregrino y a sus pies siempre aparece el fiel perro.

Al efectuar su «retorno maléfico» a Montpellier, san Roque estaba en tales condiciones que lo tomaron por un espía y lo encerraron en una prisión donde, se dice, los ángeles lo consolaron. San Roque murió a los treinta y cuatro años, casi a la misma edad que López Velarde, pero tuvo tiempo de escribir en la cárcel el relato de su vida. Este manuscrito hizo que sus coterráneos lo rehabilitaran, se arrepintieran del trato infame que le habían dado y lo enterraran con grandes honores en el equivalente medieval de la Rotonda de los Hombres Ilustres.

Las vidas de santos, que en su conjunto forman la *Leyenda dorada*, fueron parte importantísima de la educación de la niñez católica. Su contraparte laica son las vidas de próceres que toman muchos elementos de la *Leyenda dorada*: por ejemplo la isla flotante que aparta de su rebaño al pastorcito Juárez entretenido en tocar su caramillo según la mejor tradición eglógica, o las aguas de los lagos que se levantan para lavar la sangre mártir de Morelos en Ecatepec.

Beckett, traductor de López Velarde

París, 1949. Jaime Torres Bodet, a los cuarenta y siete años, es el director general de la Unesco; Octavio Paz, a los treinta y cinco, ocupa la secretaría de la embajada mexicana en Francia y está a punto de publicar la primera *Libertad bajo palabra* y *El laberinto de la soledad*; Samuel Beckett, a los cuarenta y tres, ve rechazada por todos los productores teatrales una obra «incomprensible y aburrida»: *Esperando a Godot.*

Al cumplirse el segundo centenario del nacimiento de Goethe, Torres Bodet decide hacer un libro de homenaje con textos de Thomas Mann, Benedetto Croce, Léopold Sédar Senghor y Jules Romains, entre otros. La versión española la imprime en México Gráfica Panamericana. Los traductores son Antonio Alatorre, Juan José Arreola, Max Aub, Joaquín Díez-Canedo, Francisco Giner de los Ríos y Eugenio Imaz. Dos escritores de nuestra lengua participan en aquellos *Textos sobre Goethe*: Gabriela Mistral y Alfonso Reyes.

Beckett ya es el autor de *More Pricks Than Kicks*, *Murphy*, *Whoroscope* y tres novelas inéditas aún: *Watt*,

Molloy y *Malone muere*. Él también se muere de hambre. Escritor bilingüe, estilista en inglés y francés, tiene un conocimiento superficial del español. Torres Bodet quiere ayudar a un artista valioso, pobre, desconocido, y le encarga las «Notas sobre Goethe» (Reyes) y el «Recado terrestre» (Gabriela Mistral).

~

Con ayuda de Paz y Gerald Brenan, autor de *El laberinto español*, Beckett logra una buena versión de «Message from the Earth». Satisfecho con su trabajo, Torres Bodet le asigna la traducción de una antología de poesía mexicana para la serie Unesco de Obras Representativas.

La *Antologie de la poésie mexicaine*, selección, prólogo y notas de Octavio Paz, traducida por Guy Lévis Mano y presentada por Paul Claudel, sale en París en 1952. Su correspondiente en inglés, *An Anthology of Mexican Poetry*, compiled by Octavio Paz, translated by Samuel Beckett, preface by C. M. Bowra, espera varios años hasta que en 1958 la imprime al fin la Indiana University Press con patrocinio de la Unesco y la OEA. Mientras tanto Beckett adquiere fama mundial con *En attendant Godot / Waiting for Godot*. Aquí Salvador Novo la estrena en 1955 con Carlos Ancira y otros actores.

La *Anthology* se ha reimpreso muchas veces. La edición más reciente la hizo Grove Press en 1985. No existe en español, si bien su prólogo, «Introducción a la historia de la poesía mexicana», abrió en 1957 *Las peras del olmo. Mexican Poetry* abarca de Francisco de Terrazas a Ramón López Velarde y Alfonso Reyes. El hombre que escribió *Cómo es*, *Fin de partida*, *Todos los que caen* y tantas otras piezas fundamentales también tradujo a Sor Juana, Altamirano, Acuña, Díaz Mirón, Othón, González Martínez, Nervo, Tablada, Reyes y López Velarde. Para él la poesía ha sido una actividad constante y a la vez secundaria. En España Jenaro Talens publicó sus *Poemas*; en México tenemos las notables versiones de Salvador Barros.

La historia de esta inesperada asociación de Beckett y la poesía mexicana la cuenta Deirdre Blair en *Samuel Beckett: A Biography* (1978). Cuando recibió los cien poemas de los treinta y cinco poetas escogidos por Paz (quien no era, como dice la autora, «*a young student in Paris*»), Beckett ya había mejorado su español. De todos modos decidió compartir el trabajo y el pago con «*a friend fluent in Spanish*» que le hizo traducciones literales. A partir de ellas Beckett escribió sus propios textos y los presentó a la Unesco. Brenan revisó palabra por palabra las doscientas páginas del manuscrito y le asombró encontrar «*only one tiny insignificant error*».

Beckett dijo más tarde que había aborrecido este trabajo y prometió que, por difíciles que fueran sus circunstancias, no volvería a traducir para la Unesco, «el queso inacabable». La experiencia tampoco satisfizo a Paz. En las notas finales de su biografía Deirdre Blair glosa una carta que le envió Paz en 1974 para decirle que no colaboró con Beckett en sus versiones, se limitó a aclararle dos o tres oscuridades de un poema barroco.

En un café Beckett le confesó a Paz que había aceptado el trabajo sólo porque necesitaba el dinero. No sabía bien español pero confiaba en su francés, su comprensión del latín y la ayuda de un amigo. Deirdre Blair comenta que Paz se molestó porque ella le pidió comentarios acerca de este asunto y le dijo en su carta que no quería volver a hablar de él.

❧

Pocos países tan distintos y tan afines como Irlanda y México. Ambos han visto pulverizada su moneda, arruinadas su agricultura, su industria y su ganadería, condenada su población al hambre y la violencia para beneficio de los más ricos del lugar y sus patrones extranjeros. Ambos han dado a la lengua en que se escribe su literatura a varios de sus grandes escritores. *Four Dubliners* llamó Richard Ellman a su libro póstumo de 1987 sobre Wilde, Yeats, Joyce, Beckett. Si hiciéramos un libro semejante sobre cuatro mexicanos uno de ellos sería López Velarde.

Él parece más próximo que nadie a los irlandeses. En *Mito y profecía en la historia de México* subraya David A. Brading:

> Detrás de la rebelión cristera debe verse ese notable despertar de energía espiritual e institucional que tuvo lugar en el interior de la Iglesia mexicana en las últimas

> décadas del siglo XIX. Había allí un México rural que recuerda a Irlanda.

No es otro el mundo campesino y católico de López Velarde.

Semejanza no es identidad: Dublín está muy lejos de Jerez y la colonia Roma. La tarea no es sólo traducir del español de México al inglés de Irlanda: hay que trasladar toda una cultura, en el sentido material del término, que no cruza el Atlántico. Así, en vez del «*tiny error*», que detectó Brenan hay, como en toda traducción, muchas equivocaciones textuales.

En el ámbito anglosajón domina la creencia desdeñosa de que el español es un idioma fácil, como si hubiera idiomas fáciles, y de que resulta posible entenderlo si se ha estudiado latín, francés, italiano o portugués. No, el español es dificilísimo por la complejidad de sus conjugaciones (todos sus hablantes nos equivocamos en algún momento) y sus regímenes preposicionales. La incomparable libertad de su sintaxis contrasta con la rigidez de sus concordancias y el hecho de que una sola letra o un acento pueden significar una diferencia abismal.

Así, en las traducciones de Beckett «doblan solas las esquilas» se transforma en «*only the church-bells chime*», las «consabidas náyades arteras» en «*naiads known for their knowingness*», la mujer «sin velos ni antifaces» en «*without wile or veil*» («sin ardides ni velos»). Los ejemplos podrían multiplicarse pero ésta es la crítica practicada por el profesor Horrendus que hay en todos nosotros: nadie que se arriesgue a traducir está exento de ella. No hay impreso sin errata ni traducción sin error.

❧

López Velarde escribe «La lágrima...» con todos los sonidos y sentidos del español a su lado:

Encima
de la azucena esquinada
que orna la cadavérica almohada;

encima
del soltero dolor empedernido
de yacer como imberbe congregante
mientras los gatos erizan el ruido
y forjan una patria espeluznante;

encima
del apetito nunca satisfecho
de la cal
que demacró las conciencias livianas,
y del desencanto profesional
con que saltan del lecho
las cortesanas.

Beckett lo pone en inglés de la mejor manera posible:

Over
the angular lily
that adorns the cadaverous pillow;

over
the hardened bachelor pain
of lying like a beardless congregationist
while the cats erect their clamour
and forge a bristling race;

over
the hunger never sated
of the lime that wears
light minds away
and the professional disenchantement
with which courtesans
spring out of bed.

Para un hablante del español el texto es tan insatisfactorio como las traducciones nuestras para los hablantes del inglés y el francés. Las sílabas son diferentes, suenan distintas, toda la música verbal se ha perdido. Para colmo, desaparece la rima, no un adorno sino la materia misma con que está entretejida «La lágrima…».

Hasta aquí parece que practico la crítica de la que hablaba Jules Renard como arte de reprochar a los demás su carencia de las cualidades que creemos poseer. Nada de eso: soy un admirador frenético de Beckett y he cometido la locura de traducirlo. Me caería en la cara todo escupitajo contra el gran escritor «extraterritorial» (George Steiner, *After Babel*) que, como Borges y Nabokov, ha sido el inigualable traductor de sí mismo: sus textos paralelos en inglés y francés enseñan cuanto hay que saber en torno de este oficio.

He hablado desde una rampa de la torre. Si paso la barrera la visión en la otra rampa de Babel es muy distinta. He mostrado las traducciones de Beckett a personas de lengua inglesa que desconocen el español. Casi todas las encuentran admirables. Coinciden en un punto que me parece la justificación del traducir: Samuel Beckett ha añadido a la poesía de lengua inglesa algo que antes no estaba en ella. Como dice Octavio Paz en *Versiones y diversiones*, ha hecho poemas en inglés a partir de sus originales en español.

La posteridad de López Velarde

«No moriré del todo... Terminé un monumento más durable que el bronce».

Horacio (años 65-8 antes de Cristo) creyó que el mundo iba a ser romano para siempre. Sus odas, sátiras y epístolas se leerían eternamente bajo las mismas reglas y con los mismos conocimientos imperantes en el círculo de Augusto y de Mecenas.

Como la creencia en el más allá o en los fantasmas, como las estatuas y los monumentos funerarios, la noción de la «posteridad» es un consuelo ante la aterradora idea de la muerte. Borges, el gran desengañador, que instauró para nosotros la posmodernidad y se burló de todas las vanguardias en las *Crónicas de Bustos Domecq*, escritas con Adolfo Bioy Casares, también nos dijo que la «posteridad» no existe: el 3 de febrero de 1998 será muy distinto del 23 de noviembre de 2017; bajo circunstancias muy diversas nadie pensará igual en las dos fechas.

En 1946, al cumplir López Velarde veinticinco años de muerto, un joven crítico de veintiocho, José Luis

Martínez, dijo: «Todos coincidimos, caso excepcional en este país de díscolos, en la preferencia, en la adhesión y en el amor por la poesía y la prosa de Ramón López Velarde».

⁂

En este 1988 el centenario ha dado ocasión para muchas investigaciones y ensayos (como la biografía aún en proceso de Alberto Paredes y Severino Salazar) que modifican o ponen a prueba lo que hasta ayer creímos acerca de López Velarde. Mientras aparecen los otros libros biográficos que anuncian Guillermo Sheridan y Luis Noyola Vázquez, los tomos que reúnan las ponencias leídas en Zacatecas y un volumen que junte las páginas lúcidas, renovadoras y provocativas que ha dado a conocer Gabriel Zaid, ya tenemos materia de reflexión en la convocatoria de Luis Mario Schneider a romper el coro unánime de alabanza, así como en el texto de «Generaciones y semblanzas» en que Octavio Paz rectifica hasta cierto punto sus dos grandes ensayos de 1950 y 1963:

> Algunos críticos hispanoamericanos lo ven como un poeta menor. Tal vez lo sea. Habría que añadir que la perfección y la intensidad de algunos de sus poemas le otorgan un lugar no sólo único sino extraño en la historia de nuestra poesía moderna: sí, López Velarde es un gran poeta menor. Aclaro a los suspicaces –a los agudos y a los romos– que la unión de estos contrarios adjetivos es frecuente en la historia de la poesía: Catulo es

grande y menor al lado de Virgilio, Nerval lo es frente a Hugo.

Los interlocutores implícitos en el texto de Paz parecen ser Rubén Darío y Leopoldo Lugones. La importancia histórica del primero no puede medirse con la de López Velarde. Sin embargo, los diez grandes poemas del mexicano (digamos los que Paz y Villaurrutia seleccionaron hace ya casi medio siglo para *Laurel*) son punto por punto tan buenos como los correspondientes de Darío. Respecto a Lugones, a quien Paz nos enseñó a admirar en *Cuadrivio*, Borges declaró una y otra vez que prefería a su discípulo. Llamó a López Velarde «gran poeta» y puso en crisis el calificativo respecto a Lugones en el libro que le dedicó en 1955:

> Nadie discute que Lugones sea un gran poeta; esta definición, aplicada en general a escritores de producción abundante, acepta la presencia de irregularidades y de cierta grandilocuencia. Paradójicamente, resulta más difícil decidir si fue o no poeta. La dificultad no es sólo verbal. Si, para tipificar la poesía, pensamos en Anacreonte, en Keats, en Verlaine, en Garcilaso o, entre nosotros, en Enrique Banchs, quizá no podríamos incluir en esta categoría a Lugones. En cambio, si pensamos en Píndaro, en Milton, en Quevedo, es evidente que también Lugones tiene derecho a la fama de poeta.

Juan Domingo Argüelles, uno de los mejores críticos y poetas de la nueva generación, ha publicado en *El Universal* una serie, «La derrota de la palabra», que a su vez impugna la lectura propuesta por quienes teníamos más o menos su edad en el cincuentenario de la muerte y de «La suave Patria» (1971). Para Argüelles:

> la modernidad acelerada de un país ha tenido que ver también con la caducidad de un fragmento importante de una obra que, por lo demás, tampoco tenía mucha fortaleza para sobrevivir y vencer al tiempo. Ramón López Velarde es un espléndido poeta de alcances nacionales [...]. Es un espléndido poeta menor [...]. En la actualidad difícilmente podrá el lector de Paz, Huerta, Sabines y Lizalde anular la distancia, el abismo que hay entre la materia poética de López Velarde y la poesía de nuestro presente.

El argumento central de Argüelles para marcar la lejanía de López Velarde es que la mayor parte de sus poemas no se pueden leer siquiera con nostalgia «porque las nuevas generaciones no pueden sentir nostalgia por un tiempo que no conocieron». Argüelles se sitúa en el punto opuesto de lo que en 1971 nos fascinó de López Velarde: precisamente lo que llamó Walter Benjamin «la nostalgia de lo inmemorable».

López Velarde hacia «La suave Patria»

«¡Viva Cristo Rey! La Revolución ha fracasado». En México el poeta civil del 2001 se llama León Felipe y escribió hace más de cincuenta años. La Revolución murió sin que nadie la llorara en una elegía. Tampoco tuvo una épica. No quedó más remedio que inventarse un poema patriótico declamable en las escuelas. Pero «La suave Patria» no es nada de eso. Su misterio no se ha agotado y aún invita a toda clase de interpretaciones.

También sorprende que hayamos decidido celebrar no un número redondo sino los ochenta años de su aparición en *El Maestro*, la revista patrocinada por José Vasconcelos, rector de la Universidad Nacional a punto de convertirse en ministro de Educación. Un ejemplar entre los cientos de miles regalados en toda Hispanoamérica fue a dar a manos del joven Borges. Se aprendió de memoria «La suave Patria» y no la olvidó nunca.

El ser memorizable es una de las cualidades que hacen memorable «La suave Patria». Es fama que, al morir López Velarde, José Vasconcelos se presentó en el Castillo de Chapultepec y pidió que el gobierno pagara el entierro. Álvaro Obregón, uno de los rarísimos presidentes mexicanos aficionados a la poesía y discreto versificador él mismo, amaba a Vargas Vila y a Julio Flórez pero ignoraba quién era el muerto. Vasconcelos le leyó «La suave Patria». En el siguiente acuerdo ministerial Obregón la recitó como si la hubiera estudiado mucho tiempo.

❧

Ochenta años de su muerte y de su poema célebre. ¿Por qué no esperamos a los cien? Quizá por la certeza de que en 2021 ya no estaremos aquí o por el miedo de que para entonces ya no habrá libros ni poesía. Pero los mismos temores nos asaltaban en el cincuentenario de su desaparición (el presidente Echeverría declaró a 1971 «Año de López Velarde»), lo mismo que en 1988, cuando compartió los cien años de su nacimiento con T. S. Eliot, Fernando Pessoa, Saint-John Perse y Giuseppe Ungaretti.

Tal vez sentimos que a pesar de todos los buenos estudios acumulados en los últimos veinte años López Velarde no se agota. O bien que en el México sin PRI él puede ser el «poeta nacional» que antes tratamos en vano de inventarnos. Pero si triunfan los intentos de censura, como la tentativa de excluir *Aura* de Carlos Fuentes en las clases de secundaria, López Velarde quedará proscrito.

Epítome de la decrepitud y el dinosaurismo, la reina Victoria llegó casi niña al trono del imperio. A partir de entonces se impuso en Occidente la regla de los quince años: sólo debe entrar en los hogares aquel texto que el padre pueda leer en la mesa familiar a su hija de esa edad. De allí lo que ahora nos parece pudibundez y gazmoñería en nuestros poemas y novelas del siglo XIX.

López Velarde se atrevió a escribir acerca de lo que ya no era indecible gracias a poetas como Manuel M. Flores, Salvador Díaz Mirón, Manuel José Othón y sobre todo Efrén Rebolledo. López Velarde había editado con Rebolledo la revista *Pegaso*. Sin *Caro victrix* («Carne victoriosa», 1916) tal vez no hubiera habido *Zozobra* (1919). Ignacio Betancourt acaba de añadir a la lista *Idilio bucólico*, el único libro del desconocido José María Facha, que bien pudo haber figurado entre las lecturas juveniles de López Velarde en San Luis Potosí.

La sangre devota (1916) tuvo muchos admiradores que veían en el libro su experiencia misma, el edén subvertido por la lucha armada, los pueblos que nunca volverían a ser así, la infancia católica, la hacienda patriarcal, la adolescencia deseante. *Zozobra* (1919), el gran libro de López Velarde, no tuvo la misma recepción. El segundo libro es fatal. Quienes alabaron el logro nuevo, la promesa ilimitada del primero, verán en el que lo sucede la repetición mecánica de los aciertos o, inversamente, si se logra esquivarla, el desconocimiento de los dones originales, el despeñarse en abismos ajenos a la sensibilidad y el talento del autor. López Velarde había renunciado a ser popular. Era un poeta para poetas y debe de haberle sentado muy mal lo que sus amigos y colegas dijeron por escrito de *Zozobra.* Ochenta años de crítica nos permiten leer algo muy diferente a lo que vieron sus contemporáneos. No hay razón para sentirnos más listos ni más generosos que los autores de las reseñas exhumadas por Miguel Capistrán en 1971. La primera salió en *El Heraldo de México*:

> Sería interminable consignar los versos en que López Velarde muestra el don divino del poeta. Pero sería injusto no advertir que son escasos los poemas en que el afán de apartarse de senderos trillados no se manifieste en forma de rareza y aun de extravagancia [...]. Hay en el libro poemas enteros cuya significación estética se me oculta [...]. Podrá hallarse en ellos ingeniosidad propia de la poesía humorística, pero ajena a lo que el poeta quiso expresar. Impregnados de un prosaísmo cargante, parecen hechos para poner de bulto las limitaciones que López Velarde tiene en su creación poética [...]. No tiene perceptible el don musical y construye con frecuencia versos cacofónicos saturados de un prosaísmo que, no por ser en ocasiones deliberado, deja de fatigar cuando el poeta insiste en dejarlo sin pulimento.

El autor de estos juicios era nadie menos que el máximo poeta mexicano de entonces, Enrique González Martínez (1871-1952), quien había sustituido a Justo Sierra como presidente de la invisible República de las Letras. Maestro de López Velarde, sobre todo en *Jardines de Francia*, excelentes versiones de poetas franceses y belgas, amigo que fue también el tercer director de *Pegaso*, González Martínez resultaba insospechable de envidia o mala fe. Lo prueba el que la amistad entre ellos no se alteró.

En *Biblos* apareció una nota anónima. Deplora «las repeticiones rebuscadas» (que luego han sido objeto de permanente encomio) como «las golondrinas nuevas renovando», «el lloro de recientes recentales», «el amor amoroso de las parejas pares». En suma, lamenta «las complicaciones y extravagancias» que provocan «una sonrisa». Otro poeta hoy en el olvido, José de Jesús Núñez y Domínguez, resumió las objeciones a *Zozobra*:

> Extraviado ahora por el sendero de la extravagancia, acopla versos y más versos, atropellando deliberadamente el ritmo, ejecutando malabarismos musicales ingratos al oído, sutilizando la metáfora hasta convertirla en nebulosa, perdiéndose en la oscuridad de figuras incomprensibles a fuerza de quintaesenciadas.

La crítica siempre es efímera. Imposible reprochar a un observador de 1919 que no vea las cosas como nosotros ahora. López Velarde se había alejado de la norma pero tampoco aprobaba los experimentos de Tablada. Él seguía fiel a su maestro Lugones y al verso libre modernista, es decir, al que rompe con la métrica regular pero conserva como elemento esencial la rima. Gabriel Zaid observa que la «oscuridad» de López Velarde era un medio de conservar la respetabilidad y hacer dos carreras: una como poeta y cronista, otra como abogado y secretario particular del ministro de Gobernación Manuel Aguirre Berlanga.

En la existencia del poeta mexicano que mejor conocemos esta actividad sigue siendo un misterio, como el breve periodo al frente de la Secretaría de Educación en el gobierno convencionista de 1915 que ha documentado Jorge Aguilar Mora. Quizás el puesto de secretario particular no tenía la importancia que adquirió más tarde o bien el ministro, que había sido su compañero en el Instituto Científico y Literario de San Luis Potosí, sólo lo ocupaba como redactor sin inmiscuirlo en los asuntos nacionales.

Sea como fuere, el licenciado López Velarde tenía que dar la cara por los versos de *Zozobra.* La necesidad de discreción lo llevó a hacer lo que nadie había hecho. Entre el «aspirantismo» y el qué dirán, López Velarde forzó el vocabulario modernista hasta hacerlo otra cosa. Por ejemplo, en «La última odalisca» le da la vuelta a un símbolo universal. La rosa ya no es el sexo femenino –«la rosa sexual» que «al entreabrirse / conmueve todo lo que existe» en el poema de Darío– sino su contrario-complementario: el pene, el falo...

> Si las victorias opulentas
> se han de volver impedimentas,
> si la eficaz y viva rosa
> queda superflua y estorbosa...

Una estrofa anterior no deja duda: habla de la erección matinal que se pierde junto con la juventud...

¡Lumbre divina, en cuyas lenguas
cada mañana me despierto:
un día, al entreabrir los ojos,
antes que muera estaré muerto!

❧

La carrera literaria y la política entraban en contradicción para las aspiraciones de López Velarde. Roto el papel del poeta como bardo, voz y conductor de su pueblo, hacer versos era una actividad de parias, de «bohemios» condenados a muerte por hambre y alcoholismo. Ellos podían darse el lujo de hablar de lo innombrable. Al fin y al cabo lo pagaban con el desprecio, la burla defensiva y la exclusión. Pero ¿cómo escribir poemas si uno quería el respeto, el rango social, el avance económico en un país donde la industria pesada, el único sendero rápido y seguro al enriquecimiento, era la política?

El licenciado pasó por el seminario y conocía a sus clásicos. Como Anacreonte y Propercio, López Velarde se había dicho: no voy a ir a la guerra, tampoco escribiré de batallas sino de amor. Al igual que Virgilio sabía que el poeta maneja el instrumento más delicado de todos, el lenguaje. Si quiere dominarlo y no desentonar en la orquesta, ya no digamos destacar como solista, ha de someterse a muchas horas de ejercicio y a un aprendizaje interminable. Ser poeta es un trabajo como cualquier otro, sólo que en vez de dar cuesta dinero.

El problema es que si pocos ven la poesía como arte, aún menos personas notan que en ella actúa un personaje dramático, un hablante, y en cambio consideran todo texto una declaración personal y autobiográfica. No era fácil ni cómodo publicar en *Revista de Revistas* un poema que hablaba de las experiencias más íntimas y luego presentarse aquella misma mañana en su escritorio de Gobernación.

López Velarde estaba aislado. Alto funcionario de Venustiano Carranza en un momento en que todos los intelectuales eran anticarrancistas y hasta Vasconcelos y el prudente y mesurado González Martínez colaboraron en un libro que pedía el exterminio del Primer Jefe, el poeta debe de haber visto con temor la llegada de 1920 a un país con quince millones de habitantes, un millón de muertos en la Revolución y un continuo éxodo a los Estados Unidos.

Carranza se enfrentaba al mismo dilema que Juárez. Eran líderes de un movimiento triunfante pero en el campo de batalla el servicio se lo habían hecho dos generales que, a la manera del *imperator* romano, exigieron la recompensa del poder: Porfirio Díaz en 1871, Álvaro Obregón en 1920. Como Juárez, Carranza deseaba un país gobernado por civiles. Escogió para sucederle a su representante en Washington, el oscuro ingeniero Ignacio Bonillas. Para su desgracia, en esos días tuvo gran éxito la canción «Flor de té». El apodo y un verso de la letra arruinaron a Bonillas: «Nadie sabe de dónde vino ni adónde fue».

Zapata había sido asesinado para gran alivio de quienes, como López Velarde, observaban las hogueras de las guerrillas en el Ajusco y estaban aterrados por las incursiones en Xochimilco, Tlalpan, San Ángel y Coyoacán. Villa en el norte estaba reducido casi al bandidaje. El comandante en jefe de la División del Norte nunca se repuso de las derrotas que le infligió Obregón en las batallas del Bajío. El auténtico enemigo de Carranza era el general sonorense que, a los treinta y nueve años, veía como «rey viejo» al venerable Carranza de cincuenta y nueve.

Lo estadounidense ya desplazaba a lo francés. Los diarios capitalinos incluían secciones en lengua inglesa. Pianolas y cilindros tocaban «Baby Face» al lado de «Mi querido capitán», un elogio de Obregón en boca de su amante María Conesa, y el foxtrot «Chapultepec», del niño prodigio de catorce años, Higinio Ruvalcaba. Pero sobre todo se oía en todas partes «Flor de té» en la voz de la tonadillera Consuelo Mayendía.

❧

Tan eterna como María Conesa, Zulema Moraima Gelo, nuestra máxima vidente y cartomántica, predijo para el 1920 que se iniciaba «la muerte de un gran personaje político». López Velarde se estremeció: Zulema acababa de decirle que moriría asfixiado. Desde el tranvía «Correo-Roma» que lo llevaba del Palacio Cobián, sede entonces y ahora de Gobernación, a su casa en avenida Jalisco, observaba cómo su otra aldea, la colonia Roma, se iba poblando con las personas del interior devastado. Entre ellas encontraría su público y su consagración. Ya la gente decente, aterrada como él por los protestantes y los bolcheviques, no tomaba pulque sino cerveza. Algunos empezaban a jugar futbol. Todos se quejaban de Carranza y de la economía: el kilo de filete que bajo don Porfirio costaba cuarenta y cinco centavos se había vuelto inalcanzable a un peso con ochenta centavos.

❧

En abril Sonora declaró la guerra a la Ciudad de México. En la plaza Orizaba, el jardín de López Velarde, Obregón saltó de un coche en movimiento y escapó de sus perseguidores carrancistas para refugiarse en tierras que habían sido el dominio de Zapata. El Ejército Constitucionalista avanzó sobre la capital desde todos los puntos cardinales. Sin tropas para defenderla, Carranza pensó en refugiarse en Veracruz como en 1915. Se llevó a cuestas todo su gobierno. El ministro Aguirre Berlanga y su secretario particular siguieron, como era su deber, a Venustiano Carranza.

En la Villa de Guadalupe Jesús M. Guajardo, el asesino de Zapata, lanzó contra el convoy presidencial una «máquina loca» (locomotora sin conductor). Hubo muchos muertos, sobre todo entre soldados y soldaderas. López Velarde se salvó pero ya no quiso seguir en lo que le pareció con toda razón una caravana hacia la muerte: incesantes «máquinas locas» y ataques de la caballería.

Francisco L. Urquizo, Martín Luis Guzmán y Fernando Benítez han narrado esta otra tragedia mexicana.

La participación en ella de López Velarde permaneció ignorada hasta que en 1988 alguien se fijó en las líneas de una carta a la joven Margarita González:

> El día 7 del pasado mes [mayo de 1920] salí con los trenes del gobierno [...] pero no pasé de este lado de la Villa, pues el enemigo nos rodeó.

Carranza fue asesinado en Tlaxcalantongo por órdenes de Obregón. Aguirre Berlanga quedó prisionero en Tlatelolco. La carrera política y el bufete de abogado de López Velarde se derrumbaron. Para la orden mendicante de los poetas mexicanos vivir fuera del presupuesto es vivir en el terror porque no existe ninguna otra posibilidad de supervivencia. Sin embargo, aunque la situación familiar era precaria (como lo demuestra que no hayan tenido para el entierro) López Velarde no quiso incorporarse al régimen del verdugo de Carranza. Trabajó en la Editorial Cultura de los Loera y Chávez. Cuando no le quedaba otro remedio aceptó de Vasconcelos unas clases en la Preparatoria.

En 1921 Obregón se aprestaba a celebrar el centenario de la consumación de la Independencia y a inaugurar el sistema que duró hasta el 2000. Como Iturbide un siglo atrás, su genio táctico y estratégico había vencido a los ejércitos campesinos.

Consciente de que un golpe militar y no un movimiento popular lo había llevado a la presidencia, inventó que todas las rebeliones anteriores desembocaban en una sola a la que llamó «Revolución mexicana».

Solemnizar ambas cosas requería de cuando menos un poema épico. No había nadie que lo escribiera. Para López Velarde era la única posibilidad de reconciliarse con los vencedores. ¿Cómo hacerlo si su honradez le impedía elogiar al general que jamás perdió una batalla y congraciarse con los asesinos de su Primer Jefe que además tenían preso a su amigo y protector Aguirre Berlanga?

Optó por un poema íntimo que en vez de cantar al nuevo México obregonista se despidió del país destruido por la Revolución. «La suave Patria» tiene ya ochenta años. Su encanto y su misterio no se han agotado.

Caracol

Homenaje a Ramón López Velarde

1

Tú, como todos, eres lo que ocultas. Adentro
del palacio tornasolado, flor calcárea del mar
o ciudadela que en vano
tratamos de fingir con nuestro arte,
te escondes indefenso y abandonado,
artífice o gusano: caracol
para nosotros tus verdugos.

2

Ante el océano de las horas alzas
tu castillo de naipes,
vaso de la tormenta,
recinto de un murmullo nuevo y eterno,
huracán que el océano deslíe en arena.

3

Sin la coraza de lo que hiciste, el palacio real
nacido de tu genio de constructor,
eres tan pobre como yo,
como cualquiera de nosotros.
No tienes fuerza y puedes levantar
una estructura misteriosa insondable.
Nunca terminará de resonar al oído
lo que esconde y preserva tu laberinto.

4

En principio te pareces a los demás: la babosa,
el caracol de cementerio.
Eres frágil como ellos y como todos.
Tu fuerza reside
en el prodigio de tu concha,
evidente y recóndita manera
de estar aquí en este mundo.

5

Por ella te apreciamos y te acosamos. Tu cuerpo
no importa mucho y ya fue devorado.
Ahora queremos autopsiarte en ausencia,
hacerte mil preguntas sin respuesta.

6

Defendido del mundo en tu externo interior
que te revela y encubre,
eres el prisionero de tu mortaja,
expuesto como nadie a la rapiña.
Durará más que tú, provisional habitante,
tu obra mejor que el mármol,
tu *moral de la simetría.*

7

A vivir y a morir hemos venido.
Para eso estamos.
Nos iremos sin dejar huella.
El caracol es la excepción.
Qué milenaria paciencia
irguió su laberinto erizado,
la torre horizontal en que la sangre del tiempo
se adensa en su interior y petrifica el oleaje,
mares de azogue opaco en su perpetua fijeza.
Esplendor de tinieblas, lumbre inmóvil,
la superficie es su esqueleto y su entraña.

8

Ya nunca encontrarás la liberación:
habitas el palacio que secretaste.

Eres él. Sigues aquí por él.
Estás para siempre
envuelto en un perpetuo sudario:
tiene impresa la huella de tu cadáver.

9

Pobre de ti, abandonado, escarnecido, tan frágil
si te desgajan de tu interior que también es tu cuerpo,
la justificación de tu invisible tormento.
Cómo tiemblas de miedo a la intemperie
de los dominios en que eras rey
y las olas te veneraban.

10

Del habitante nada quedó en la playa sombría.
Su obra
vivirá un poco más
y al fin también se hará polvo.

11

Cuando se apague su eco
perdurará sólo el mar
que nace y muere desde el principio del tiempo.

12

Agua que vuelve al agua, arena en la arena,
la materia que te hizo único
pero también afín a nosotros,
jamás volverá a unirse.
Nunca habrá nadie
igual que tú,
semejante a ti,
hondo desconocido en tu soledad
pues, como todos,
eres lo que ocultas.

Epílogo
López Velarde visto por José Emilio Pacheco

Como Xavier Villaurrutia fue el gran crítico literario mexicano del siglo XX, José Emilio Pacheco no tiene parangón entre nosotros como periodista literario. Por cosa de cincuenta años enseñó irreprochablemente cómo puede escribirse cada semana un admirable texto sin repetirse. Nos obligó a ver con una mirada abierta los pasados literarios y los presentes múltiples. En su periodismo tomaron vida el ensayo, la crónica y, con rara maestría en nuestro medio, el artículo ficción. Con lucidez imaginativa y con imaginación lúcida profundizó no sólo en lo que es y ha sido la tradición occidental, sino cómo pudo haber sido o cómo hubiéramos querido que fuera. En su periodismo se observan las artes y los estudios que conoció mejor: poesía, literatura, historia, política. A escala, en alguna dirección, tales conocimientos se dejan ver en el espléndido conjunto de ensayos, crónicas y poemas sobre Ramón López Velarde que cada cierto tiempo escribió.

Si en los años diez del siglo XX, entre sus coetáneos, sobre todo con la publicación de *Zozobra*, López Velarde no tuvo del todo una buena recepción, si era visto con una mirada de reojo, eso cambió pronto. Salvo excepciones, no hay casi de hecho poeta importante, desde los Contemporáneos y los estridentistas hasta los poetas de la generación de los cincuenta, que no haya tenido hacia su obra veneración o viva simpatía o se haya deslumbrado con ella. Es larga la lista: Xavier Villaurrutia, José Gorostiza, Jorge Cuesta, Carlos Pellicer, Bernardo Ortiz de Montellano, Manuel Maples Arce, Octavio Paz, Alí Chumacero, Rubén Bonifaz Nuño, Eduardo Lizalde, Víctor Sandoval, Gabriel Zaid, Hugo Gutiérrez Vega, José Emilio Pacheco, Elsa Cross, Elva Macías, Francisco Hernández, Evodio Escalante, Antonio Deltoro, David Huerta, Eduardo Hurtado, Efraín Bartolomé, José de Jesús Sampedro, Víctor Manuel Cárdenas, Vicente Quirarte, Víctor Manuel Mendiola, Luis Miguel Aguilar y Juan Domingo Argüelles. Si en 1971 decía Pacheco que lo escrito sobre López Velarde era en páginas cien veces lo que López Velarde había escrito, podemos imaginarnos en lo que eso se ha convertido cuarenta y siete años después.

En los textos críticos de José Emilio Pacheco hay facetas de la vida y la obra de López Velarde que lo inquietaron desde muy temprano: los entresijos de la animadversión profunda que Alfonso Reyes tuvo hacia él; la influencia de Laforgue en su poesía o, acaso mejor, las coincidencias que hay con ella; las traducciones de Samuel Beckett de poemas del jerezano; enigmas de imágenes y metáforas de «La suave Patria» y el contraste entre la provincia mítica y la realidad de la patria espeluznante; el poeta que, por un lado, recobra el paisaje del pueblo nativo y, por el otro, el *flâneur* de la Ciudad de México, y el hondo misterio de la relación con Margarita Quijano, su segundo amor, el gran amor distante de la capital de la República. Las notas preliminares de Pacheco a los poetas modernistas mexicanos escritas en su antología en 1970 son ilustrativas y esclarecedoras; una de ellas es sobre López Velarde; en la nota se encuentran ya los motivos que desarrollaría en sus artículos entre 1971 y 2001.

Partamos de algo elemental: López Velarde nunca se sintió crítico literario. Sin embargo, quizá contra él mismo, las notas y reseñas que de él nos quedan, como en los casos de Gorostiza, Guzmán y Torri, lo muestran como un brillante crítico, pero aquél que publica sus notas en la prensa, es decir, ése que no piensa, o lo piensa algún tiempo o mucho tiempo después, que tales páginas puedan reunirse en libro. Ésos que Eliot consideraba claves y a los que llamaba «supercríticos», cuyo principal representante en Francia ha sido Sainte-Beuve y en México, Xavier Villaurrutia.

En sus notas y reseñas López Velarde se ocupó ante todo de su generación y de la inmediata anterior; con mucho, las mejores son sobre poesía. No jugó, o mínimamente, al elogio a figuras representativas para hacer carrera literaria ni al elogio recíproco con sus compañeros de generación. Pensemos en sus notas sobre poetas mayores de la época como Nervo, Tablada, González Martínez. Todos (salvo Nervo que había muerto) le contestaron en algún momento con severidad o con acritud. Tablada y González Martínez le tenían afecto y no sólo lo perdonarían, sino que acabarían reconociéndolo como un talento excepcional. Pero a Reyes nunca lo trató, y Reyes, quien solía ser mesurado y ecuánime, fue a menudo injusto en sus apreciaciones críticas desde 1926 hasta 1953, como reconstruye Pacheco en su espléndido artículo «Una enemistad literaria». «La cronología los une, todo el resto los separa», escribe Pacheco.

El encono de Reyes nació a raíz de una rápida nota sobre *El plano oblicuo*, que López Velarde publicó en diciembre de 1920 en la revista *México Moderno*. Increíble: por una nota escrita tal vez en una o dos horas, Reyes sostuvo un rencor soterrado o abierto por cosa de treinta y tantos años. En la breve nota López Velarde le hizo la reprobación dolorosa de que lo prefería «fuera de la lírica» y le recomendaba que saliera de la penumbra de las bibliotecas a tomar aire para que a su literatura le llegara la vida. En una carta del 25 de diciembre de 1920, Julio Torri pregunta al amigo lejano (Reyes vivía en Madrid) si había leído la crítica de López Velarde, «acertijos, notas chirriantes, como buen lugareño autodidacta». Es decir, Torri descalifica a López Velarde como poeta por confuso, lo reprueba por el tono de sus críticas y lo desprecia como hombre de cultura considerándolo un aldeano sin formación académica, como si Torri hubiera nacido ilustrado en París o Roma y tuviera título de Oxford o Cambridge. Reyes responde a Torri que sí leyó la «notita» y que López Velarde y un «amable endémico» que escribe en el diario *El Universal* (Teja Zabre) «quieren dar a entender que han vivido mejor que yo».

¿Fue una «notita»? ¿No tuvo importancia? La verdad, como muestra Pacheco, es que la tuvo y en demasía. Los ataques de Reyes, dirigidos hacia alguien que ya no podía defenderse, principiaron en 1926 y finalizaron en 1953. Entre otras cosas, arremete contra López Velarde en 1926 menoscabándolo como pueblerino y como poeta de baratijas locales, de esos «poetas rotos» que traen «raídos los traseros del alma», para verlo en 1939 como una «estrella fugaz en nuestro cielo poético» y en 1942 como autor de un solo poema («La suave Patria»), para terminar en 1953 casi anulándolo, luego de verter elogios, al compararlo con el Aduanero Rousseau, es decir, palabras más, palabras menos, viéndolo como un poeta *ingenuo*, un poeta que escribe cosas grandes *pese a su mala formación* o, si se quiere, como la encarnación mexicana de la fábula del burro que tocó la flauta. Curioso: cuando en 1926 Reyes principió sus agrias invectivas, José Juan Tablada, en una crónica neoyorquina de abril de ese año, calificaba a López Velarde como «un verdadero poeta, un vidente ignorado por la crítica, un cisne luminoso que para las gallinas cluecas no es sino el "patito feo"», y en 1953, cuando Reyes escribe sus últimas invectivas, Elena Molina Ortega acababa de rescatar en libros numerosas crónicas, notas literarias y prosas políticas del joven zacatecano; después de leerlas, nadie puede dudar de una muy buena formación. Una ligera diferencia: menos que «una enemistad literaria», como estima Pacheco, me parece que se trató de una profunda animadversión en la que se hablaba sólo de un lado. López Velarde, quien murió el 19 de junio de 1921, medio año más tarde de la publicación de la «notita», no pudo desde luego enterarse de la inquina de Reyes y por tanto ignoró que era su enemigo.

Quizá los poetas modernistas a quienes López Velarde más leyó y admiró fueron los dos «árboles máximos»: Rubén Darío y Leopoldo Lugones. El argentino le mostró la vía difícil para asumir la poesía como «sistema crítico». Afortunadamente López Velarde, más que un frío sistema verbal, logró muchas veces, con denodado rigor, que cada palabra de sus poemas tuviera magia o vida. De poetas españoles, salvo Góngora, fue parco en sus grandes aprecios. López Velarde sabía latín, pero quizá su segunda lengua fue el francés. ¿Hasta dónde la conoció? ¿Cuánto leyó en ese idioma? ¿Hasta dónde pudo penetrar en el hechizo verbal de Baudelaire y Verlaine o, si lo leyó, de Laforgue? Nunca lo sabremos. Sin embargo fue indudable su contacto próximo con el idioma francés y con la literatura francesa. En esto, González Martínez, como observa Pacheco, tuvo una influencia decisiva: como maestro de idioma, dándole itinerarios en su libro de traducciones (*Jardines de Francia*) y mostrándole vasos comunicantes con la poesía belga de la transición de siglo (Rodenbach, Verhaeren, Maeterlinck).

Entre 1850 y 1890 hubo una pléyade de poetas franceses que modificaron el mundo de la poesía occidental: Baudelaire, Rimbaud, Lautréamont, Verlaine, Corbière, Laforgue, Mallarmé. ¿Quiénes de estos poetas dejaron huella en él? ¿Tuvo con ellos aires de familia o sólo fueron fuente de deslumbramiento? Mucho se ha insistido en la influencia de Baudelaire y Laforgue, y si uno los lee, percibe una y otra vez las increíbles coincidencias formales y temáticas que hacen pensar en una segura influencia, salvo por un hecho: en las más de novecientas páginas de poesía y prosa de López Velarde que reunió José Luis Martínez en la reedición de 1990 hay tres o cuatro referencias a Baudelaire, una por cierto iluminadora, en un poema de primera juventud («Tenías un rebozo de seda...»), y ninguna a Laforgue. La citadísima cuarteta de su poema dice:

(En abono de mi sinceridad
séame permitido un alegato:
entonces era yo seminarista
sin Baudelaire, sin rima y sin olfato).

Es decir, de 1900 y 1902, entre sus doce y catorce años, no había leído aún en el seminario de Zacatecas a Baudelaire, gran iniciador de la poesía moderna; no sabía entonces de los encantos múltiples de la rima, piedra angular de su poesía, y no tenía el olfato, que, para Villaurrutia, es «el más característico, el más refinado, el más precioso y sensual de los sentidos», pero el cual, yendo más lejos, significaría en este caso que carecía también de *malicia*. «No es la forma lo que López Velarde toma de Baudelaire», concluye Villaurrutia, «es el espíritu [...] lo que le sirve para descubrir la complejidad del suyo propio».

¿Pero leyó a Laforgue? Hacia 1921 Enrique Díez-Canedo apuntaba que la poesía de López Velarde tenía «una manera que mirarían con agrado Góngora y Jules Laforgue y Julio Herrera y Reissig». Allen W. Phillips recuerda que Jesús Villalpando ya colocaba en 1916 a

Laforgue al lado de López Velarde, y que poco más tarde Rafael Cuevas y Rafael Lozano harían lo mismo. Margarita Quijano, la inspiradora de varios poemas de *Zozobra*, rememoraba más de cincuenta años después de que en sus pláticas con López Velarde ambos solían hablar de Baudelaire y Laforgue. Octavio Paz profundizó en su mejor ensayo, «Los caminos de la pasión», en las coincidencias y afinidades perceptibles entre Laforgue y López Velarde. «Si no hay influencia», observa Phillips, «aun en lo más exterior es fácil ver un claro parentesco». Pacheco culmina: «Entre Laforgue y sus seguidores, como López Velarde, no hay imitación subordinada, sino, diría Baudelaire, "correspondencias"».

Como Phillips y Paz, Pacheco se extendió en las hondas coincidencias entre Laforgue y López Velarde. Son tres los artículos de Pacheco, publicados en 1987, el año del centenario del fallecimiento del francés: «París era un desierto», «Jules Laforgue» y «Los comediantes de la luna». Pacheco se detiene sobre todo en la utilización por ambos del verso libre, entendiéndolo, como se entendía a fines del siglo XIX y a principios del XX, como alteración de la métrica, pero donde es indispensable la rima para crear nuevos efectos, dibujando, entre otras cosas, estrofas que en la mirada parecen tener el movimiento de la danza. Asimismo, Pacheco observa otras claras coincidencias: la unión de lo metafísico y lo cotidiano, los juegos violentos de contrastes, la preferencia del lenguaje hablado al literario y la ironía para disimular una tristeza irremediable y sin fondo.

Los artículos de Pacheco abundan en asociaciones perspicaces. Dice, por caso: «Como después López Velarde, Laforgue medita en la *polis* desde su última fase: la *necrópolis*». Laforgue, como López Velarde, gustó de los personajes mínimos y tristes, con los que ambos se identificaban de raíz, y ambos, lo entendieran del todo o no, se reconocían con el Pierrot de la *commedia dell'arte*, «el perpetuo perdedor», o con el personaje por excelencia, no sólo del siglo XX, como apunta Pacheco, sino de toda la historia de la humanidad: «El antihéroe, el ciudadano común y corriente, el transeúnte, el usuario, la víctima de la locura del poder, el hombre sin atributos, el pobre diablo: usted y yo, en pocas palabras». Sin embargo, creo que en la poesía de López Velarde no hay ese exceso de negaciones como las hay en la de Laforgue, donde todo parece terminar en la ruina, en el destierro, en el vacío, en la nada. No creo tampoco que el católico López Velarde hubiera llegado a atreverse a poner por escrito esta pregunta estremecedora: «¿Y Dios? ¿Un nuevo Dios no es necesario?».

Admirable traductor de poesía, conocedor como pocos del inglés entre nosotros, Pacheco es una autoridad mayor para decidir si una traducción de este idioma al nuestro es buena. Como todo poeta mexicano sabe, a principios de los cincuenta la Unesco le encargó al escritor irlandés Samuel Beckett, con el fin de ayudarlo económicamente, la traducción de *An Anthology of Mexican Poetry*. Por hambre, por dinero, Beckett aceptó. Para hacer la traducción «confiaba en su francés, en su comprensión del latín y en la ayuda de un amigo». La compilación era de Octavio Paz y el prefacio ilustre de C. M. Bowra. Por diversos azares la antología sólo pudo publicarse hasta 1958 en la Indiana

University Press. Incluye a treinta y cinco poetas: desde Francisco de Terrazas y Sor Juana Inés de la Cruz hasta Ramón López Velarde y Alfonso Reyes. Pero ¿es buena la traducción? Su amigo Gerald Brenan –escribe Pacheco– «revisó el manuscrito palabra por palabra y le asombró encontrar "*only one tiny*, insignificante error", en las páginas del libro». No hay, de hecho, traducción de los grandes textos que no desespere por sus limitaciones. Traducción es *transformación*, y por ende, *un nuevo texto*, o si se quiere, para decirlo con Pacheco, *aproximaciones* al original. Imposible recobrar del todo ritmos, música, colores, matices, entendidos, insinuaciones, sugerencias. Los poemas de López Velarde traducidos por Beckett son el punto central del artículo de Pacheco publicado en 1988 («Beckett, traductor de López Velarde»). Pero las traducciones de Beckett, como me demostró el escritor irlandés-colombiano Walter Broderick (yo creía lo contrario) están admirablemente resueltas. Me hizo corregir del todo mi apreciación anterior. Por medios distintos, como quería Paul Valéry, Beckett llegó a fines semejantes.

Pacheco, quien suele encantarse como Borges o Italo Calvino describiendo o imaginando ciudades, ha hablado del contraste entre el joven López Velarde que caminó arduamente la Ciudad de México y el poeta López Velarde en cuya obra «apenas queda huella» de la urbe. La mayoría de los poemas se refiere a los sitios del centro del país donde habitó: Jerez, el edén de infancia que la Revolución hizo añicos, y las ciudades recoletas de Zacatecas, Aguascalientes y San Luis Potosí en el inicio del siglo XX.

López Velarde dijo de Saturnino Herrán, nuestro pintor sin errores: «Si sólo la pasión es fecunda, procede publicar el nombre de la amante de Herrán. Él amó a su país; pero usando de la más real de las alegorías, puedo asentar que la amante de Herrán fue la Ciudad de México, millonésima en el dolor y en el placer»; quizá, desde alguna profundidad del alma, López Velarde hablaba también por sí mismo.

Venir hacia los años diez del siglo XX a lo que es hoy el Centro Histórico, aun desde pueblos próximos como Tacubaya, Mixcoac o Coyoacán, era todavía «venir a México». El barrio de López Velarde, la colonia Roma, en la habitable capital de entonces, había nacido apenas en 1902. Vayan las coincidencias sentimentales: ese barrio lo fue también del propio Pacheco en su infancia y adolescencia y lo hizo vivir inolvidablemente en una novela breve (*Las batallas en el desierto*). Pacheco vio ante todo al López Velarde de la Ciudad de México como un *flâneur*, «un paseante solitario y pensativo», como lo fueron Baudelaire y Laforgue. López Velarde caminó básicamente el Centro Histórico, trabajó en él como abogado, redactor de revistas y profesor de preparatoria, frecuentó sus bares y cantinas y visitó a menudo las casas de placer de rameras nacionales y, como recordó Ortiz de Montellano, también las de rameras francesas. Su calle representativa fue Madero. Su despacho de abogado incluso estaba en Madero 1 y las oficinas de la revista *Pegaso*, donde laboró, se hallaban en la misma calle. Más: en el precioso texto que José Gorostiza leyó el día de junio de 1963 en que López Velarde fue inhumado en la Rotonda de los Hombres

Ilustres, lo evoca en sus paseos a la una de la tarde y a las siete de la noche:

> Había que haberlo visto recorrer en aquellos años, entre 1916 y 1921, la estrecha calle principal de la ciudad de México, andando en sentido inverso la ruta del Duque Job, desde la esquina de la Casa de los Azulejos, hasta, seguramente, la [esquina] de Madero y Gante, y en ocasiones hasta El Globo, en el cruce con la calle de Bolívar.

López Velarde dedicó a la calle páginas irónicas en las que hablaba de las actividades de elegantes cortesanas pero que servía también como paseo para muchachas de Dios, y aun la vio, utilizando un *alter ego* como emblema de esos cambios históricos que representaban los cambios de las grandes influencias extranjeras en el país: «[...] fue una *calle*, luego una *rue*, y hoy es una *street*».

De lo que constituían entonces las afueras de la ciudad, López Velarde era sobre todo aficionado a Santa María la Ribera, barrio que, como decía en su artículo sobre María Enriqueta, le recordaba el solar nativo.

Ausente el barrio de la Roma en sus versos, no lo estuvo en hechos significativos de su vida. Su segundo gran amor, Margarita Quijano, quien contaba diez años más que él, moraba en la calle de Córdoba, es decir, a unos pasos de avenida Jalisco 71, donde él vivía en un departamento de clase media baja con su madre y su hermana. Poco después de su llegada a la Ciudad de México en 1914, la conoció en el tranvía que ella tomaba para ir a dar clases a la Normal. López Velarde, con paciencia análoga a la del personaje kierkegaardeano del *Diario de un seductor*, la merodeó callada e incesantemente por cosa de tres años y medio. Ante el moroso asedio, los dos terminaron enamorándose en silencio. Empezó por llamarla telefónicamente. Al principio Margarita se resistía pero acabó aceptando las llamadas a altas horas de la noche, que pronto se volvieron prolongadas, casi infinitas. Conversaban de poesía y literatura. Acordaron encontrarse en lugares cercanos a su barrio, entre ellos, recordaría Margarita, lo que fue el cementerio de La Piedad, donde hoy se alza el multifamiliar Juárez que fracturó el terremoto de 1985. Margarita, quien nunca escribió, fue, dice Pacheco, «una gran lectora lúcida, informada e hipercrítica, que en verdad lo había leído todo, y en sus lenguas originales». Ramón le escribía poemas, y algunos –oh, melancolía provocada por la esperanza o la pérdida– son de los más bellos de nuestra poesía: «Boca flexible, ávida...», «La niña del retrato», «Transmútase mi alma...», «Que sea para bien...» y «La mancha de púrpura». Fue una amistad, evocaría ella, «hermosa, diáfana, limpia, sublime». Sin embargo Margarita empezó a tener reservas y, a mediados de junio de 1918, rompe abruptamente. El motivo, diría cinco décadas más tarde, sólo lo supieron Dios, el poeta y ella. López Velarde, en un último y desesperado intento, busca al padre de Margarita para pedir su mano. La petición termina en el vacío. Ya sin esperanzas López Velarde escribe como adiós uno de sus poemas más descorazonados y tristes: «La lágrima...». Según puede colegirse de sus declaraciones a Guadalupe Appendini en 1971 (*Ramón López Velarde: Sus rostros desconocidos*), desde temprana edad Margarita Quijano había prometido que sus únicas nupcias serían con Jesucristo.

Al parecer, salvo prueba en contrario, es Pacheco en 1969, en un artículo publicado en la revista *Siempre!*, el primero en sacar a la luz el nombre de la dama culta de la capital, el don que a López Velarde le otorgó febrero, la mujer que le reveló la síntesis de sus propio zodiaco *imaginario*. Unos cuantos sabían el secreto pero se negaban a declararlo en público. Al fin uno de ellos, el poeta tabasqueño Carlos Pellicer, previa consulta con la musa, dio vía libre para darlo a conocer. Habían pasado cuarenta y ocho años de la muerte del poeta. Puedo equivocarme, pero creo que, más que por el amor de rasgos celestiales que tuvo por Fuensanta, más que por el amor triste y lejano en su dulzura que tuvo por Fe Hermosillo, Pacheco se sintió atraído por el misterioso amor del autor de *Zozobra* por Margarita Quijano. Hasta donde sabemos, López Velarde quiso casarse con las tres (cada una en su momento). Fuensanta y Margarita lo rechazaron y Fe se vio obligada moralmente a partir a París con su madre, su hermana, su cuñado y su sobrino, y cuando regresó a México el poeta ya había muerto. No sólo López Velarde no olió en su «lecho a azahar», sino, oh, destino sin luz, tampoco sus grandes amores.

Enrique Díez-Canedo, Rafael López, José Juan Tablada, José Gorostiza, Octavio Paz y Rubén Bonifaz Nuño, entre otros, no se cansaron de admirar «La suave Patria». Borges y Bioy (tuve oportunidad de escuchárselo de viva voz) lo sabían de memoria. Ningún poema de López Velarde obsesionó tanto a Pacheco como éste. Explotando diversas vetas, en el curso de treinta años, Pacheco se ocupó de él en varios artículos: «En los cincuenta años de "La suave Patria"» (1971), «La patria espeluznante» (1983), «Suave Patria o patria espeluznante» (1988) y «López Velarde hacia "La suave Patria"» (2001). Escrito en el cuarto centenario de la caída de México-Tenochtitlan (no en balde el «Intermedio» admirativo dedicado a Cuauhtémoc) y el primer centenario de la consumación de la Independencia, el poema quiere contraponer a la patria de oropel porfiriana y a la patria cruel de los lobos cainitas de los años revolucionarios, la patria de las «tradiciones y la tierra», o también, por otras vías, como muestra Pacheco, «la patria chica» a «la patria grande», el regionalismo al centralismo, en suma, «la Patria suave» a la «patria espeluznante». Biográficamente, simbólicamente, sería como el regreso al pequeño pueblo donde nació y vivió hasta los doce años y a las ciudades modestas y apacibles donde habitó en la adolescencia y la primera juventud. La preferencia por el pasado quieto pero pródigo en imágenes, al futuro que abre las ventanas hacia el jardín podrido del progreso y del dinero. Buscar ser más nosotros mismos que el señuelo del sueño estadounidense. El paraíso en la Tierra es el establo escriturado por el Niño Dios, el infierno en la Tierra son los veneros de petróleo.

Cuando López Velarde escribe el poema había terminado el periodo más violento de la Revolución pero no la lucha por el poder. Ya no le tocó ver en los años veinte cómo la «Patria suave» que anheló se volvía casi de inmediato y de manera dramática «la patria espeluznante», la patria «de la rebelión delahuertista, la guerra cristera, la última campaña de exterminio contra los yaquis, los asesinatos de Huitzilac y Topilejo y la dictadura militar de Calles». Más: si López Velarde asistiera hoy a las ineptitudes de la era digital, si tratara de entender la ferocidad de la competencia ávida con los números feroces del capitalismo salvaje, donde el lobo del hombre se come aún con más facilidad a los corderos de los países pobres, si quisiera adentrarse en los efectos de la globalización, donde los países ricos, como siempre, son los más beneficiados con la venta infinita de sus productos, y peor, si viera que desde hace un tiempo Jerez ha crecido en demasía y ha dejado de tener el hechizo aldeano, que la ciudad de Aguascalientes se volvió un polo industrial que abarca cosa de medio estado y que la ciudad de San Luis Potosí tiene hoy más habitantes que los que tenía la Ciudad de México donde él vivió, en fin y en suma, que en casi cien años la realidad vertiginosa ha arrebatado a la región la calma idílica de varios siglos, tal vez pensaría que era demasiado para su comprensión y no sabría hacia dónde volver los ojos.

El poeta Rafael López, amigo muy próximo de López Velarde, propuso alguna vez que «La suave Patria» se convirtiera en un segundo himno nacional; más razonablemente Pacheco prefería verlo como nuestro poema nacional. El poema está fechado (suponemos que el día que López Velarde acabó de corregirlo) el 24 de abril de 1921; sin embargo, a nadie podía pasarle por la cabeza que menos de dos meses después desaparecería el poeta más íntimamente nuestro, nuestro poeta por excelencia, el Poeta.

Marco Antonio Campos

Fuentes de los textos de José Emilio Pacheco

«Ramón López Velarde y la posesión por pérdida» es la nota que precede a la selección de López Velarde en la *Antología del modernismo*, Universidad Nacional Autónoma de México, colección Biblioteca del Estudiante Universitario, México, 1970.

«En los cincuenta años de "La suave Patria"», *Excélsior*, México, página editorial, 24 de abril de 1971.

«Nota sobre una enemistad literaria: Reyes y López Velarde» apareció en la página editorial de *Excélsior*, 20 de mayo de 1971. Se incluye aquí una versión más amplia publicada en *Texto Crítico*, n. 29, Xalapa, julio-diciembre de 1975, y reproducida en *Biblioteca de México*, n. 65-66, septiembre-diciembre de 2001.

«Un poeta de la ciudad», *Excélsior*, México, página editorial, 19 de junio de 1971.

«Ramón López Velarde camina por Chapultepec (noviembre 2, 1920)», *Diorama de la Cultura*, suplemento cultural de *Excélsior*, México, 7 de noviembre de 1971. Después apareció como epílogo de *Irás y no volverás*, Fondo de Cultura Económica, México, 1973, y Era, México, 2001.

«López Velarde, Tablada, González Martínez: Hoy es siempre todavía», *Diorama de la Cultura*, suplemento cultural de *Excélsior*, México, 26 de diciembre de 1971.

«La patria espeluznante», «Inventario», *Proceso*, México, 13 de junio de 1983.

«De los poetas muertos», «Inventario», *Proceso*, México, 8 de febrero de 1988.

«La casa de López Velarde», carta abierta a José Luis Martínez, coordinador general de la comisión para la conmemoración del centenario del natalicio de Ramón López Velarde, *Proceso*, México, 13 de junio de 1988.

«La prisionera del Valle de México», «Inventario», *Proceso*, México, 13 de junio de 1988.

«Las alusiones perdidas: Para un glosario de López Velarde», «Inventario», *Proceso*, México, 27 de junio de 1988.

«Beckett, traductor de López Velarde», *La Jornada Semanal*, México, 3 de julio de 1988, fragmento.

«La posteridad de López Velarde», «Inventario», *Proceso*, México, 4 de julio de 1988, fragmento.

«López Velarde hacia "La suave Patria"», *Letras Libres*, agosto de 2001. En esta versión se recogen materiales de dos «Inventarios» de *Proceso*: «Pierrot en Tlaxcalantongo», 28 de septiembre de 1987, y «Trueno del temporal», 20 de junio de 1988.

«Caracol», *Ciudad de la memoria*, 2.ª edición, Era, México, 2009.